贛文化通典

——名勝卷　第四冊

目
錄

第六章 | 其他風景名勝

水域風景名勝

第一節 ▶ 中國第一大淡水湖——鄱陽湖

一、地理環境

鄱陽湖位於江西省北部，古時曾有彭蠡湖、彭蠡澤、彭澤、彭湖、揚瀾、左里、宮亭湖等多種稱謂。戰國時秦國攻取楚國鄱水之陽的番，並在此設立番陽縣。隋代，因為這裡有鄱陽山，所以湖名正式稱為鄱陽湖。鄱陽湖位處長江中下游南岸，豐水期南北長一七三公里，東西最寬處達七十四公里，湖體面積三五八三平方公里，容積約二七六億立方米，是我國最大的淡水湖泊。鄱陽湖煙波浩渺，景致壯麗，唐代貫休詩云：「百慮片帆下，風波極目看。」[1]宋代詩人楊萬里亦有詩云：「青天挾日波中浴，白晝繁星地上跳。萬頃琉璃吹一葉，半簪霜雪快今朝。」[2]

鄱陽湖吸納江西贛江、撫河、信江、饒河、修河五大河之

---

1 （唐）釋貫休：《春過鄱陽湖》，載《禪月集》卷七。
2 （宋）楊萬里：《過鄱陽湖天晴風順》，載《誠齋集》卷三十五。

水，經調蓄後由湖口注入長江，每年流入長江的水量超過黃河、淮河、海河三河水量的總和。鄱陽湖屬河成湖，「其源固有豫章諸江，而其為澤固江漢之所匯者也」[3]。鄱陽湖春夏漲水較快，秋冬則水位下降很快，因此常季節性地呈現「洪水一片，枯水一線」的景象。在漫長的地質歷史年代，鄱陽湖不斷向南擴展，位於鄱陽湖盆地內的番陽縣城和海昏縣治先後被淹入湖中。鄰近較高處的吳城由於位處長江——鄱陽湖——贛江航線樞紐，便日趨繁榮，成為「江西四大名鎮」之一。因此，鄱陽湖地區有「淹了海昏縣，出了吳城鎮」之說。在鄱陽湖周圍還分佈許多的「衛星湖」，其中較大的有南昌縣的青嵐湖、瑤湖，進賢的軍山湖、陳家湖、韓家湖，九江的賽城湖、八里湖、長港湖、赤湖，彭澤的太泊湖、芳湖，鄱陽縣的珠湖等。

鄱陽湖水系發達，江湖相通，水草、浮游動植物豐富，盛產魚類。湖口——吳城一帶是長江與鄱陽湖的交匯點，大面積的草洲為魚類提供了天然的產卵和攝食場所，據統計，鄱陽湖魚類達一二二種之多。同時，鄱陽湖又是白鱀豚、江豚、中華鱘、白鶴等許多珍稀野生動物的棲息地。在永修縣吳城鎮和星子縣的鄱陽湖濱沿湖多為草洲湖灘沼澤地帶，是候鳥良好的棲息場所。秋冬季節，鄱陽湖大片草洲成為鳥類的天堂，每年金秋十月，大量候鳥，包括白鶴、天鵝、白頭鶴、白枕鶴、白鸛、黑鸛、大鴇、鷸嘴鷺和大雁等陸續從西伯利亞等地飛行五千公里南下，來到鄱陽

3　（元）王充耘：《讀書管見》卷上《禹貢》，四庫全書本。

湖越冬，至翌年春暖花開方才北歸，形成鄱陽湖上的壯麗景觀。
這裡越冬的候鳥有一二六種，其中屬國家保護的珍禽有白鶴近千
隻，天鵝三〇〇〇餘隻，居世界首位。鄱陽湖的草洲是江西五大
河流沖積形成的，土壤有較高的自然肥力，因此草洲上水草生長
茂盛，常見的就有七十九種之多，包括麻皮草、苦草、湖柴、河
柴、苔草、春耕冬草、冬芋、藜蒿、蒿白、煙草、蘆葦，等等。

二、物產

　　魚類是鄱陽湖最重要的經濟水生動物。根據文獻資料的記
載，鄱陽湖有魚類一二二種，分隸屬於二十一科。從一二二種魚
類的組成分析，基本是鯉科魚類，優勢種群是鯉科的鯉魚和鯽
魚。鄱陽湖多年漁獲量波動在二萬至四萬噸，捕魚業以湖泊沿岸
及各河流入湖地帶為主，最有名的是餘干縣瑞洪鎮，產量居江西
省第一，其次是永修吳城鎮。鄱陽湖是季節性湖泊，利於魚在水
草上產卵及幼魚成長，鄱陽湖成為魚類重要的幼魚育肥場和產卵
場，豐富的漁業資源使鄱陽湖漁民一年四季都能捕到魚。漁民傳
統捕撈工具有船、網、鉤、叉、鸕鷀等。捕魚船有網船、鉤船、
鸕鳥船，爬白船是鄱陽湖特有的船，全身呈白木本色，塗有一層
桐油，在月光下變成白色船，魚看到亮光會自動跳上船。漁網有
拖網、攔網、風網、罩網、袋形網；鉤有捆鉤、鏑、梭鉤、鐵
扒、掛鉤等。現代捕撈工具出現了機動船和新式網具。

　　沉船捕魚是頗具特色的鄱陽湖捕撈方式。每年農曆八九月
間，漁民取破舊小船，內藏松枝，船身經繩纜纏繞，入冬前船口
朝下沉入沿河水深處，將繩索繫在木樁上，冬寒魚多潛藏在船

內，到臘月將沉船取出，可獲魚幾百斤，以鯰魚為多。鄱陽湖還有開港捕魚的習俗。明末清初，每年秋天魚類繁殖季節選擇水深、岩穴多、宜於魚類冬棲的河港實行湖禁，嚴禁在禁湖區捕魚。入冬開港，主事者發佈公告，規定開港時間、守則並要舉行開港祭湖儀式，在三聲銅鑼和鞭炮聲中，各船競發，分段捕撈。屆時有指揮船掛旗發號施令。漁具作業也有規矩，凡在深潭捕魚，溜篙和篙網擺在潭中，大網、布網、絲網擺在兩邊，頭鉤和鸕鳥安排在第二天，以防把魚趕走，避免鉤、網、鳥擠在一起引起糾葛。開湖前三天，要到預定的捕魚湖灘水灣走一圈「看水」，每到一處焚三支香、磕三個響頭以求得神靈原諒。

「鄱陽湖的草，南昌人的寶」是當地流傳已久的民諺。這種草指的就是藜蒿。藜蒿本是鄱陽湖湖畔灘塗野生繁殖的一種水草，體短、莖細、花小，葉如羽狀朝上分裂，其味芳香。藜蒿炒臘肉是南昌的地方名菜，人們常常用其招待客人。據《申報》載：「蘆蒿者，蘆山所產之蒿也，因地得名，運至省垣，歲不下數千萬石，亦小民生計之一端。本年新正上旬初入市每斤六十餘文，非官署富家不得議價。中旬亦三十餘文，下旬則十餘文，尋常人家亦可染指。刻下每斤僅數文。惟產自蘆山，有氣香味美，他處則否，亦地氣使然也。調和鼎鼐，揀蘆蒿嫩莖配以新韭，雜以臘肉，芬芳鮮美，仿佛山珍海錯，亦郇廚中不可少之物也。」[4]這一報導中的蘆蒿即是藜蒿，從中可以看出人們對其鍾愛之情。

4　《西江談藪》，《申報》，1895 年 3 月 23 日。

不過，藜蒿的食用季節性較強，有「三月藜，四月蒿，五月當柴燒」之說。

三、歷史文化

鄱陽湖是不僅是中國最為重要的淡水湖泊之一，而且是古代溝通南北方的水上交通要道，人員物資往來頻繁。環湖有湖口縣、星子縣、德安縣、永修縣、新建縣、南昌縣、進賢縣、餘干縣、波陽縣、都昌縣以及九江市廬山區，這一地區自古人煙稠密，經濟文化繁榮。因此，鄱陽湖區域歷史文化資源十分豐富。由於地處中國南北、西東水上運輸線的大十字架的中心，鄱陽湖的軍事戰略地位十分突出，歷來是兵家必爭之地。早在三國時期，東吳大都督周瑜就曾在此操練水軍，並留下點將台等歷史遺跡。元至正二十三年（1363）八月，朱元璋與陳友諒在鄱陽湖為爭奪江山一統在鄱陽湖展開大戰。陳友諒兵號稱六十萬，在鄱陽湖上「聯巨舟為陣，樓櫓高十餘丈，綿亘數十里，旌旍戈盾，望之如山」[5]。但是朱元璋指揮得當，將士奮勇而戰，陳友諒最終敗亡。近代曾國藩的湘軍和石達開的太平軍也曾在此展開大戰，留下許多軍事遺跡。湖口縣則是李烈鈞領導二次革命的誓師地。一九一三年，由於袁世凱實行獨裁統治，迫害革命黨人，在孫中山的支持下，李烈鈞於七月八日回到江西湖口，成立討袁軍，宣佈江西獨立，於十二日向進駐九江的北洋第六師發動進攻，拉開

5　（清）張庭玉：《明史》卷一《本紀第一·太祖一》，四庫全書本。

了二次革命的戰幕。而地處鄱陽湖東岸的上饒境內餘干、波陽兩縣也不乏歷史名勝古跡，如波陽的芝山、餘干的忠臣廟等。宗教旅遊資源是鄱陽湖區的一大特色，區域內名山眾多，名剎迭興，寶塔連雲，形成了豐富的宗教文化。區內廬山、雲居山、南山、大孤山、和石鐘山、西山、梅嶺等名山，自古以來寺廟遍佈，著名的有東林寺、西林寺、大林寺、真如寺、能仁寺、老爺廟等寺廟，具有完備的宗教旅遊體系，尤其是廬山、九江、南昌是世界五大宗教聚集之地。這裡自晉代就成為中國佛教、道教在南方的中心，而且又是近代中國東部的基督教、天主教的中心之一，還有伊斯蘭教，擁有教堂多處。

　　鄱陽湖區的人民千百年來形成了豐富多彩的生產、生活習俗，產生了一些具有全國意義甚至世界影響的民俗事象，給我們提供了一幅生動活潑的生活風情畫卷。這些民俗資源一方面作為文化血脈一代一代傳承下來，一方面又作為活躍民眾生活的精神養料而為當代人青睞。在這些資源中，獨特豐富的漁業民俗、千年傳承的南昌地區許真君崇拜，具有贛地風情的波陽燈彩和南昌燈彩，幽默風趣的南昌採茶戲，鄉風濃郁的九江城門山歌，集競爭精神和友善情誼的九江龍舟競渡，製作精巧的廬山竹藝，琳琅滿目的都昌剪紙是它們中的典型代表。這些資源紮根於民間，生根開花，永不凋零，具有極強的生命力，因為他們是勞動人民智慧的創造和生命的張揚。鄱陽湖地區物華天寶，人傑地靈，獨特的自然地理環境和人文環境賦予它極其豐富的地方風物特產。這一區域著名的傳統手工藝品有：南昌微雕、南昌銅工藝品、李渡毛筆、廬山竹絲畫簾；著名土特名產有：南昌珍珠、鄱陽湖銀

魚、廬山石魚等；地方名酒名茶：南昌大麴酒、李渡高粱酒、九
江陳年封缸酒、廬山雲霧茶；著名風味小吃：南昌石頭街麻花、
肉類罐頭、九江桂花茶餅、九江桂花酥糖、吳城大板黑瓜子等。

四、風景名勝

（一）大孤山

　　大孤山，原名「孤石」。《水經注》云：「又有孤石，介立湖
中，周回一里，竦立百丈，矗然高峻，特為瑰異，上生林木而飛
禽罕集。」[6]又因其形如鞋，俗稱「鞋山」。明代才子解縉有詩
云：「淩波仙子夜深游，遺得仙鞋水面浮。歲久不隨陵谷變，化
為砥柱障中流。」[7]。因「孤」與「姑」諧音，因此有關文獻中
也稱之為「大姑山」，山上神廟中所供奉的神像亦為女神像，而
且其附近的港口也因此命名為女人港。據說，東晉謝靈運曾居住
在此，觀賞湖光山色。唐李德裕在其文中將大孤山與瀛洲、方丈
等仙山相比。[8]古人常在山上祭祀神靈，南唐陳致雍曾撰《正大
姑、小姑山神像》一文。明人胡虛白詩云：「大孤廟前江樹青，
老魚吹浪水雲腥。神鴉啄食不飛去，過客賽神姑有靈。」[9]大孤

6　（北魏）酈道元：《水經注》卷三十九《廬江水》，四庫全書本。

7　（明）解縉：《文毅集》卷六《七言絕・鞋山》，四庫全書本。

8　（唐）李德裕：《大孤山賦並序》，載雍正《江西通志》卷一百四十六
　　《藝文・辭賦》。

9　（明）胡虛白：《大孤廟》，載嘉靖《九江府志》卷十五《詩文志・
　　詩》，上海古籍書店據天一閣藏明嘉靖刻本影印，1982 年版。

山三面絕壁，「屹然獨峙」於鄱陽湖之中，周長約五〇〇米，西北角有一石穴，可泊舟船。北宋文豪黃庭堅有詩云：「匯澤為彭蠡，其容化鯤鵬。中流擢寒山，正色且無朋。其下蛟龍臥，宮譙珠貝層。朝雲與暮雨，何處會高陵。不見淩波襪，靚妝照澄凝。空餘血食地，猿嘯枯楠藤。高帆駕天來，落葉聚秋蠅。幽明異禮樂，忠信豈其憑。風波浩平陸，何況非履冰。安得曠達士，霜晴嘗一登。」[10]後來，陸游也在其文章中記載了大孤山的美麗風光，其文曰：「泛彭蠡口，四望無際，乃知太白『開帆入天鏡』之句為妙。始見廬山及大孤。大孤狀類西梁，雖不可擬小姑之秀麗，然小孤之旁，頗有沙洲葭葦，大孤則四際渺彌皆大江，望之如浮水面，亦一奇也。」[11]

　　相傳大禹曾於大孤山上刻石紀功。宋隆興年間，大孤山頂上曾建大孤山廟。明嘉靖年間曾建塔於山上，後倒塌，清雍正年間又得到重建。山上原來還有天后宮、梳妝檯等古建築，後逐漸廢棄。由於地處湖中，古來登臨大孤山攬勝的人並不太多。大孤山上有竹木生長，並棲息著一些鳥類。《江西通志》載：「有乞食鳥常嘗客舟，舟人搏飯投之即接食，高下不失。」[12]

---

10 （宋）黃庭堅：《泊大孤山作》，載《山谷集》外集卷五《古詩》。

11 （宋）陸游：《入蜀記》卷二，四庫全書本。

12 雍正：《江西通志》卷十二《山川六・南康府》，四庫全書本。

（二）老爺廟

鄱陽湖都昌縣水域有個老爺廟。相傳當年明太祖朱元璋與陳友諒大戰鄱陽湖時，有一次朱元璋敗退湖邊，湖水擋住去路，湖邊破舟，無舵難行。險急關頭，忽有一隻巨黿游來銜船為舵，搭救朱元璋渡湖。朱元璋奪得天下後，不忘舊恩，封巨黿為「元將軍」，在湖邊建定江王廟，百姓稱為「老爺廟」。走進廟門，一隻巨黿趴地，四趾伸展，背負丈餘高、三尺寬、一尺厚的千斤大石碑，上面朱元璋御筆親題「加封顯應元將軍」七個大字。老爺廟水域充滿了神奇色彩，被稱為「魔鬼三角」和「中國的百慕大」，歷史上無數船隻在此覆沒湖底。一九四五年四月十六日，二〇〇〇多噸級的日本運輸船「神戶丸」號，行駛到老爺廟水域突然無聲無息地失蹤，船上二〇〇餘人無一逃生。其後，日本海軍曾派人潛入湖中偵察，潛水夫除山下堤昭外，其他全部神秘失蹤。山下堤昭脫下潛水服後，因精神極度恐懼而行為失常。抗戰勝利後，美國著名的潛水專家愛德華‧波爾一行人來到鄱陽湖，歷經數月打撈仍一無所獲，除愛德華‧波爾外，幾名美國潛水夫再度在這裡失蹤。

老爺廟水域事故頻發的原因較多。首先，當地水文情況十分複雜，幾股強大的水流在老爺廟水域交匯。鄱陽湖南湖水流流至老爺廟水域後水道驟然狹窄，流速達到一點五四至二米／秒，而且還產生渦流，這就使船隻航行此處充滿了危險。其次，老爺廟水域是江西少有大風區，最大風力達十六級，風速可達每小時二〇〇公里，而且全年平均兩天就起一次大風。老爺廟水域最寬處

為十五公里，最窄處僅三公里，山體高大的廬山阻擋了南下的氣流，氣流在這裡迅速加速，當流向寬僅三公里處時，風速急劇加快，狂風引發巨浪常常將船隻吞噬。最後，據科學家分析，老爺廟水域地下均為石灰岩，其岩性鈣質多、易溶，有形成地下大型溶洞群及地下暗河的自然條件，而每個溶洞每條暗河的正上方都有自己形成的奇變電磁場，這種狀況能影響人們的大腦思維，而且會誘發陰電、陽電接觸產生雷電。所以，這裡經常發生雷擊事故，而且容易導致潛水夫失蹤。

（三）康郎山

康郎山位於餘干縣城西北八十里的鄱陽湖中，相傳有康姓人居住在此，因此得名。南北走向，面積三點五平方公里，海拔二三點四米。因屹立鄱陽湖中，能抗風濤，所以稱「抗浪山」，久之人們便稱之為康郎山，古今往來船隻多在此停泊避風。宋代詩人楊萬里曾因風浪阻隔於此三日方行，有詩云：「山行舊路不堪重，及泛湖波又阻風。世上舟車無一穩，乾坤可是剩詩翁。」[13]元至正二十三年（1363），朱元璋在鄱陽湖與陳友諒兩軍對壘，明兵即屯紮於此。陳友諒是元末群雄中實力最強的一個，朱元璋在此與之展開決戰。郎瑛所編《七修類稿》載：「太祖之得天下，東征西伐，所至風靡，至有折將喪師之地，不過一二。惟陳友諒最為敵，殺略相當，故豫章有忠臣廟，康山有忠臣廟，外此

---

13 （宋）楊萬里：《悶歌行》，載《誠齋集》卷三十五。

又有無廟者。……今逐一開出，庶知各有所系也。……韓成、宋貴、王勝、陳兆先、李信、姜潤、丁普郎、王鳳顯、程國勝、後明、常惟德、王德、王咬住、朱鼎、張志雄、李志高、汪清、常德勝、鄭興、袁華、昌文貴、金昶、陳沖、王喜先、汪澤、丁宇、逯德山、羅世榮、史德勝、徐公輔、劉義、陳弼、裴軫、王理、王仁、曹信，已上三十六人。國初癸卯歲四月，偽漢陳友諒以重兵自武昌來圍洪都。日久，守將大都督朱文正遣使告急請援。七月，上親帥諸名將，統舟師二十萬往討之。友諒解圍，東出鄱陽湖以迎我師，遇於康郎山。歷戊子、己丑、庚寅等日，連與大戰。是時，諸臣皆奮擊，其間多效死者。友諒既滅，中書省以死事之臣列進，遂封贈勳爵有差，建忠臣祠於康郎山，設像其中，命有司歲時祭之。」**14**

此後，忠臣廟春秋二祭，香火不斷。明初嚴州府同知甘瑾有《康郎山》詩云：「雲擁驚濤立半空，憑虛覽勝倚孤篷。神祠簫鼓喧初日，賈客帆檣逐便風。平野欲吞吳地盡，眾流不與海門通。樓船百戰今何處？惟有湖山在望中。」明天順四年（1460），因「棟宇傾頹，像飾剝落」，餘干縣令邵崐等人捐俸修葺忠臣廟，使之「廟宇崇嚴，像設雄偉，重門兩廡，齋舍、神廚、牆垣悉完悉美，觀者咸悅」**15**。至明正德年間，忠臣廟年久

---

14 （明）郎瑛：《七修類稿》卷十《國事類・國初忠臣》。

15 （明）孫原貞：《康郎山忠臣廟記》，載雍正《江西通志》卷一百三十《藝文記九》，四庫全書本。

失修，李夢陽所見景象是「波濤撼蝕山腳塌，破廟枯木常烈風」[16]。不過，忠臣廟臨湖而建，南北往來船隻頻繁，至此登岸瞻仰者頗多，文人學子曾在此留下眾多詩文。清乾隆朝第一位狀元金德瑛來此遊覽，曾作《康郎山忠臣廟歌》[17]，以詠史事。著名文人查慎行亦曾作《康郎山功臣廟十四韻》[18]。

第二節 ▶ 江西人民的母親河——贛江

一、贛江源流

贛江是江西最大的河流，縱貫江西南北，被稱為江西的母親河。贛江有兩大源頭，東源貢水為正源，出自石城縣武夷山黃竹嶺，西源章水出大庾嶺，章、貢二水在贛州市八境台下匯合後曲折北流，贛江因此而得名。贛江古時又稱贛水、豫章水等，唐代為避代宗李豫之諱，還曾改稱章水，而南昌地區曾稱贛江為章江，有「章江渡口」、「章江曉渡」之說，「蓋控引眾流，總成一川，雖稱謂有殊，言歸一水矣。」[19]

---

16 （明）李夢陽：《空同集》卷二十二《康郎山歌》。

17 參見雍正《江西通志》卷一百五十一《藝文詩五·七言古》，四庫全書本。

18 參見雍正《江西通志》卷一百五十六《藝文詩十·五言小律》，四庫全書本。

19 （北魏）酈道元：《水經注》卷三十九《贛水》，四庫全書本。

贛江全長七五一公里，「其水總納十川，同臻一瀆，俱注於彭蠡也」[20]，流域面積達八點三五萬平方公里，占江西總面積的百分之五十一。贛江水量極為豐富，年平均逕流量達六八七億立方米，是黃河水量的一點五倍、淮河水量的二倍，幹流上可常年通行一〇〇至三〇〇噸的輪駁船隊和客船。贛江是江西主要航道，整個河系航程達二三〇〇多公里，它把長江水系同珠江水系連接起來，還與錢塘江水系、淮河水系、京杭運河、黃河、海河相通成網，曾是中國古代重要的黃金水道之一。近代海運興起和一九三六年粵漢鐵路通車後，贛江水道南北交通大動脈的地位逐漸削弱，這對江西地區經濟社會的發展也產生了較大的影響。

以萬安、新幹為界，贛江分為上游、中游、下游三段，流經贛州市、贛縣、萬安縣、泰和縣、吉安縣、吉安市、吉水縣、峽江縣、新幹縣、樟樹市、豐城市、南昌縣、南昌市、新建縣等十四市縣，而後分為幹流（西支）和南、中、北四支分別注入鄱陽湖。贛江上游，山地縱橫，支流眾多，主要有湘水、濂江、梅江、平江、桃江、上猶江等，分別匯入章水和貢水。贛江中游，由於河流切割山地，多峽谷和險灘急流；萬安以下，河流進入吉泰盆地，河面漸寬，水勢和緩，東西兩岸有孤江、遂川江、蜀水、禾水、瀧水等較大支流匯入，水量大增；吉水到新幹段，切穿武功山餘脈，形成一較長的峽谷帶。新幹以下為下游，進入平原地帶，江面逐漸開闊，水流平緩，有袁水和綿河匯入。

---

20 內容同註 19。

　　贛江流域屬中亞熱帶濕潤季風氣候，氣候溫和，雨量充足，年均降水量一四○○至一八○○毫米。流域內百分之六十以上為丘陵、山地，森林資源豐富，除松、杉等常見樹木分佈較廣，另有棱木、銀杏、紅豆杉等珍貴樹種散佈各地。贛江流域耕地總面積近一一八點五萬公頃，主要糧食作物為水稻，經濟作物有甘蔗、菸葉、茶葉、油茶、油菜、柑橘等。贛江下游地區，河流縱橫，汊港密佈，為江西主要水產品出產地，魚類多達六十餘種，其中以鰣魚最為名貴。《江西通志》載：「鰣魚，似白鱅，仲春始出，魚之極美者，⋯⋯。」[21]此外，贛江兩岸礦藏資源也十分豐富，主要有鎢、錫、銅、鉛、鋅、鈷、煤、鈾、稀土、石灰石、石膏等。

二、沿江景觀

（一）贛州八境台

　　八境台位於贛州城北，章水與貢水在其下匯聚為贛江。北宋嘉祐年間（1056-1063），太守孔宗瀚鑒於「郡城歲為水齧，東北尤易墊圮」，於是「伐石為址，冶鐵錮之，就城北建八境台，高三層，俯臨章貢」[22]。孔宗瀚是山東曲阜人，孔子第四十六代孫。八境台建成後，孔宗瀚繪圖請大文豪蘇東坡題詩。蘇東坡遂

---

21 雍正《江西通志》卷二十七《土產》，四庫全書本。
22 雍正《江西通志》卷十六《水利三‧贛州府》，四庫全書本。

作《虔州八境圖八首並序》，曰：

　　《南康八境圖》者，太守孔君之所作也，君既作石城，即其城上樓觀臺榭之所見而作是圖也。東望七閩，南望五嶺，覽群山之參差，俯章貢之奔流，雲煙出沒，草木蕃麗，邑屋相望，雞犬之聲相聞。觀此圖也，可以茫然而思，粲然而笑，慨然而歎矣。蘇子曰：此南康之一境也，何從而八乎？所自觀之者異也。且子不見夫日乎，其旦如盤，其中如珠，其夕如破璧，此豈三日也哉。苟知夫境之為八也，則凡寒暑、朝夕、雨暘、晦冥之異，坐作、行立、哀樂、喜怒之變，接於吾目而感於吾心者，有不可勝數者矣，豈特八乎。如知夫八之出乎一也，則夫四海之外，詼詭譎怪，《禹貢》之所書，鄒衍之所談，相如之所賦，雖至千萬未有不一者也。後之君子，必將有感於斯焉。乃作詩八章，題之圖上。

　　坐看奔湍遶石樓，使君高會百無憂。三犀竊鄙秦太守，八詠聊同沈隱侯。

　　濤頭寂寞打城還，章貢臺前暮靄寒。倦客登臨無限思，孤雲落日是長安。

　　白鵲樓前翠作堆，縈雲嶺路若為開。故人應在千山外，不寄梅花遠信來。

　　朱樓深處日微明，皂蓋歸時酒半醒。薄暮漁樵人去盡，碧溪青嶂遶螺亭。

　　使君那暇日參禪，一望叢林一悵然。成佛莫教靈運後，著鞭從使祖生先。

　　卻從塵外望塵中，無限樓臺煙雨蒙。山水照人迷向背，

只尋孤塔認西東。

　　煙雲縹緲鬱孤台，積翠浮空雨半開。想見之罘觀海市，
絳宮明滅是蓬萊。

　　回峰亂嶂鬱參差，雲外高人世得知。誰向空中弄明月，
山中木客解吟詩[23]

　　據有關專家考證，蘇東坡在詩中提到的八景是中國歷史上第
一次提出的城市八景，為後世的城市景觀營造提供了範式，此後
各地相繼系列景觀的提法，如燕山八景、瀘城八景等，可謂層出
不窮。紹聖元年（1094）八月，蘇軾南下途經贛州，來到八境台
遊覽，見景思故人，又作《八境圖後序》，其文曰：「南康江水
歲歲壞城，孔君宗翰為守，始作石城，至今賴之。軾為膠西守，
孔君實見代，臨行出《八境圖》求文與詩，以遺南康人，使刻諸
石。其後十七年，軾南遷過郡，得遍覽所謂八境者，則前詩未能
道其萬一也。南康士大夫相與請於軾曰：『詩文昔嘗刻石，或持
以去，今亡矣，願復書而刻之。』時孔君既歿，不忍違其請。紹
聖元年八月十九日眉山蘇軾書。」[24]

　　蘇軾的詩文使八境台成為贛州一處名勝，不僅文人墨客接踵
而來，而且作為地方標誌性文化景觀，它得到後繼官員的格外重
視。孔宗翰調離贛州後，八境台得到趙繼善、楊長儒、鄭性之等

23 （宋）蘇軾：《東坡全集》卷九《虔州八境八首並序》，四庫全書本。

24 （宋）蘇軾：《東坡全集》卷三十四《八境圖後序》，四庫全書本。

地方官員的屢次修葺。元初，八境台廢圮。至正十三年（1353），監郡巴罕薩里重修八境台。五年後，陳友諒率部攻克贛州，其部將熊天瑞對八境台又加以修葺。明初，贛州指揮楊廉修理城池的同時對八境台也做了重新修葺。有明一代，八境台屢有興廢，地方官員邢珣白、蔣升、王守仁、李汝華、余文龍等相繼對之重修。著名文人羅欽順、鄒守益等人也曾為文以紀其事。八境臺上視野開闊，景致優美，自蘇東坡後此地歷來為文人登臨攬勝之所，明末著名文人王士性有詩云：「天末欣相見，登臨複此台。飛樓切雲上，危堞枕江開。章貢雙流合，雲峰四面來。凌風思玉局，故國近蓬萊。……」[25]崇禎年間（1628-1644），巡撫王之良將八境台增高三尺。清順治三年（1646）冬，八境台毀於兵燹，十一年（1654），贛州知府郎永清重建。地方文人易學實《八境台記》載：「於是躐級憑高，遐矚要區，蓋南則五嶺風煙延袤交桂，北則合流湍石直匯彭湖。章貢二水東西襟帶，玉虹翠浪掩映四時。」[26]康熙十五年（1676），江西巡撫佟國禎對之進行修葺。康熙四十三年（1704），八境台遭水沖毀，次年在知府朱光圍倡議下又得到修復。

登臨八境臺上，贛州美景盡收眼底。宋代贛州八景包括：石樓、章貢台、白鵲樓、皂蓋樓、鬱孤台、馬祖岩、塵外亭和峰

---

25 （明）王士性：《精華錄》卷九《今體詩·同丁雁水僉事登八境台二首》，四庫全書本。

26 （清）易學實：《八境台記》，載雍正《江西通志》卷一百三十四《藝文·記十三》，四庫全書本。

山。清代，由於環境變遷，這裡所見八景則是：三台鼎峙、二水環流、玉岩夜月、寶蓋朝雲、儲潭曉鏡、天竺晴嵐、馬崖禪影、雁塔文峰。八境台歷史悠久，景致秀麗，早已成為贛州古城的象徵。

（二）萬安十八灘

萬安十八灘又稱贛石，位於萬安縣境內贛江河段。歷史上，此河道山高穀深，巨石森聳，水流湍急，沿江依次分佈著十八組危險石灘，其最北端的一灘即為著名的惶恐灘。惶恐灘原名黃公灘，因「水性湍險，黃公為甚，東坡南遷，訛為惶恐」，後人索性稱之為惶恐灘。蘇軾詩云：「七千里外二毛人，十八灘頭一葉身。山憶喜歡勞遠夢，地名惶恐泣孤臣。長風送客添帆腹，積雨扶舟減石鱗。便合與官充水手，此生何止略知津。」[27]但真正使惶恐灘天下聞名的是南宋抗元英雄文天祥的《過零丁洋》一詩：「辛苦遭逢起一經，干戈寥落四周星。山河破碎風飄絮，身世浮沉雨打萍。惶恐灘頭說惶恐，零丁洋裡歎零丁。人生自古誰無死，留取丹心照汗青。」[28]

唐宋迄至明清，因贛江十八灘「怪石如精鐵突兀，廉勵錯峙波面」[29]，航道險峻，但又是溝通中原與嶺南的水上交通要道，

27 （宋）蘇軾：《東坡全集》卷二十二《八月七日初入贛過惶恐灘》，四庫全書本。

28 （宋）文天祥：《文山集》卷十九《過零丁洋》，四庫全書本。

29 （宋）祝穆：《方輿勝覽》卷二十《贛州》，四庫全書本。

人員物資南來北往頻繁，因此與黃河三門峽、長江三峽並稱「三大險灘」，歷代文獻對十八灘也多有記載。與歐陽修、王素、蔡襄並稱「北宋四諫」的余靖有詩云：「萬推頑石碧礁磽，壅遏江流氣勢驕。戲馬陣橫秋戰苦，水犀軍亂夜聲嚻。呂梁謾記莊篇險，灩澦休誇蜀道遙。怒激波聲猶可避，中傷榮路不相饒。」[30]這首詩可謂將十八灘水石相激，浪高石險的景象描繪得淋漓盡致。楊萬里也曾有詩感歎：「贛石三百里，春流十八灘。路從青壁絕，船到半江寒。不是春光好，誰供客子看？猶須一樽淥，並遣百憂寬。」[31]由於贛江十八灘「巨石側立，如犬牙森森」[32]，過往船隻常常在此觸礁沉沒，因此這一水域散佈著較多古代沉船遺物。康熙年間，曾任江西布政使的姚啟盛曾在十八灘「設艇拯溺」[33]，可見此處船隻往來繁多，但又事故頻發。當時著名文人查慎行曾作《十八灘絕句並序》多達十八首。

十八灘有蜜溪水匯入贛江，其水質上佳，同時惶恐灘邊有神潭，潭邊種茶，其茶品質上等，因此有民諺曰：「蜜溪水，神潭茶。」[34]

30 內容同註 29。

31 （宋）楊萬里：《誠齋集》卷十五《過皂口》，四庫全書本。

32 （清）湯斌：《重刻贛州府志序》，載《江西通志》卷一百三十九《藝文序四》，四庫全書本。

33 雍正《江西通志》卷五十八《名宦二》，四庫全書本。

34 雍正《江西通志》卷十四《水利一》，四庫全書本。

（三）泰和快閣

　　快閣位於泰和縣城東澄江之畔，始建於唐乾符元年（874），原為奉祀觀音大士之所，名慈氏閣。北宋初年，太常博士沈遵任泰和縣令時，「以江山廣遠，景物清華」[35]，故更名「快閣」。北宋元豐年間（1078-1085），黃庭堅出任泰和縣宰時，登臨快閣並作《登快閣》：「癡兒了卻公家事，快閣東西倚晚晴。落木千山天遠大，澄江一道月分明。朱弦已為佳人絕，青眼聊因美酒橫。萬里歸船弄長笛，此心吾與白鷗盟。」[36]此後，黃庭堅又作《和李才甫先輩快閣五首》，快閣由此名聲大振，「為一郡之勝」。

　　百餘年後，黃庭堅所題墨蹟已不存。南宋慶元三年（1197），嚴龜齡按照卓洵士所得黃庭堅所題真本將詩摹刻於閣上。楊萬里、文天祥到此均有和詩。文天祥詩云：「一笑登臨晚，江流接太虛。自慚雲出岫，爭訝雨隨車。慷慨十圍柳，周回千里魚。故園堤好在，夜夢繞吾廬。」[37]快閣旁建有黃山谷祠，是紹熙初年趙師爽任泰和縣令時所建，謝諤曾為之作記。明弘治年間，黃山谷祠被火焚毀。在知縣楊南金主持下得到重修。歷史上，快閣也多次毀於兵火。宋末，快閣被毀，元延祐元年重修，「為屋三重，重十楹，前為閣，後祠」[38]。明萬曆年間因火災重建，是歷

35（明）李賢等：《明一統志》卷五十六《吉安府·宮室》，四庫全書本。

36（宋）黃庭堅：《山谷外集》卷七《登快閣》，四庫全書本。

37（宋）文天祥：《文山集》卷二《快閣遇雨觀瀾》，四庫全書本。

38（元）程文海：《太和州重修快閣記》，載雍正《江西通志》卷一百二十七《藝文記六》，四庫全書本。

次修葺規模最大的一次，費銀千兩，並立碑為證。近代因國內局勢動盪，快閣幾遭破壞。解放初期，又遭強龍捲風，其遺跡破壞殆盡。但歷代文人登臨快閣所作詩文眾多，是其不可磨滅的寶貴遺產。

（四）吉安白鷺洲

白鷺洲位於吉安市區東面的贛江中，為一棱形綠洲，因洲上原多棲白鷺而得名。白鷺洲上竹木蔥籠，環境幽靜，洲畔江水環流，風光秀美。宋淳祐元年（1241），著名文人江萬里知吉州軍，在此創辦白鷺洲書院。起初，書院無山長，江萬里便親登講席，宣講經義。淳祐二年（1242），江萬里聘請著名學者歐陽守道出任書院山長，四方學子紛紛來此求學，此時「書院可容諸生數百」[39]。寶祐四年（1256），書院三十九人同登進士金榜，其中文天祥高中狀元，可謂史無先例，轟動一時。因此，宋理宗親賜御書「白鷺洲書院」匾額，懸掛書院大門，以示褒獎。此後，白鷺洲書院與廬山白鹿洞書院、南昌豫章書院、鉛山鵝湖書院並稱「江西四大書院」。當時，書院內建有文宣王廟、欞星門、雲章閣、道心堂、萬竹堂、風月樓、浴沂亭、齋舍，後來又增建「六君子祠」，祀程頤、程顥、周敦頤、張載、邵雍、朱熹等六人。江萬里還主持編修了《白鷺洲書院志》。

---

39 （宋）歐陽守道：《巽齋文集》卷十四《白鷺洲書院山長廳記》，四庫全書本。

　　元至元十九年（1282），白鷺洲書院被洪水沖毀，吉安路總管李玨主持修復。延祐年間（1314-1320），余天民出任白鷺洲書院山長，他「敦復古道，務崇正學」**40**，稟請官府將書院旁的佛教廟宇拆除，並在其上建亭。從此，白鷺洲完全為書院所有，為其發展創造了良好條件。至正十二年（1352），紅巾起義軍與元兵在吉安交戰，書院建築大部被燒毀。兩年後，又遭大水，書院毀壞殆盡。但至正十五年（1355），書院又得到重建。明嘉靖五年（1526），吉安知府黃宗明又重修。嘉靖二十一年（1542），書院曾從白鷺洲遷往吉安城南仁壽寺舊址另建新院舍。隆慶六年（1572），位於城南仁壽寺的白鷺洲書院改為廬陵縣學，書院則被遷往吉安城北郊。至萬曆二十年（1592），吉安知府王可受將書院重新遷回白鷺洲上，同時在洲上增築吉台，開挖鷺池，並立橋池上，擴建齋舍百間，其它書院舊有建築均得到重修。

　　清代，白鷺洲書院又多次毀於水災和戰爭，先後於順治三年（1646）、十二年（1655），康熙三年（1664），雍正二年（1724），乾隆三十九年（1774），嘉慶十八年（1813），道光三年（1823）、八年（1828）、二十三年（1843）九次得到修葺或重建。咸豐六年（1856），太平軍與清軍在吉安交戰，書院又被焚毀，至同治二年（1863），知府曾省三倡修又得以恢復。白鷺洲現存的風月樓、雲章閣以及書院齋舍，均為同治年間遺構。

　　自宋以降，白鷺洲書院歷來有著名學者任教，培養了大批傑

40　（明）馮從吾：《元儒考略》卷四《余天民》，四庫全書本。

出人才，可謂聲名卓著。曾在白鷺洲書院主持講席的清初著名學者施閏章有詩贊道：「曲檻層欄白晝陰，憑高望遠百年心。壓江城郭山光碧，破浪帆檣雲氣深。舊蝕殘碑猶臥蘚，新栽佳樹漸成林。鵝湖鹿洞尋常事，不信風流限古今。」**41**

（五）南昌滕王閣

滕王閣位於南昌城西贛江東岸，與湖南岳陽樓、湖北黃鶴樓並稱為「江南三大名樓」。滕王閣始建於唐代永徽四年（653），是滕王李元嬰任洪州都督時所建。李元嬰出生於帝王之家，「工書畫，妙音律，喜蝴蝶，選芳渚遊，乘青雀舸，極亭樹歌舞之盛」。（明陳文燭《重修滕王閣記》）永徽三年（652），李元嬰調任洪州都督時，從蘇州帶來一班歌舞樂伎，終日歌舞宴樂。後來又臨江建此閣為觀賞歌舞之用，並以其封號「滕王」命名。唐上元二年（675）重陽節，「初唐四傑」之一的王勃南下交趾探親，途經南昌巧遇都督閻伯嶼重修滕王閣後，在閣上召集文人聚會。閻伯嶼原本讓女婿吳子章提前寫好序文，欲其在宴會上揚名。但當日王勃來到滕王閣上，「欣然對客操觚，頃刻而就，文不加點，滿座大驚」**42**。王勃在宴會上所作文章為《秋日登洪府滕王閣餞別序》（即《滕王閣序》），其文辭華麗，才思泉湧，堪

41 （清）施閏章：《學餘堂詩集》卷三十六《登白鷺洲閣是前賢講學處》，四庫全書本。

42 （元）辛文房：《唐才子傳》卷一《王勃》，四庫全書本。

稱千古名篇。王勃之後，王緒又作《滕王閣賦》，王仲舒作《滕
王閣記》，史稱「三王記滕閣」。滕王閣由此聲名鵲起，歷代文
人接踵而來，吟詠之作洋洋大觀，可謂文以閣名，閣以文傳。唐
代文壇領袖韓愈又曾在《新修滕王閣記》中說：「愈少時則聞江
南多臨觀之美，而滕王閣獨為第一，有瑰偉絕特之稱」**43**，因此
滕王閣獲得「西江第一樓」的美譽。後人因崇慕王勃才華，將王
勃滕王閣赴會敷衍成為一個美麗的神話傳說，即《馬當神風送滕
王閣》**44**。

　　唐大中年間，滕王閣遭火災焚毀，觀察紇干眾重建。宋大觀
二年（1108），滕王閣又因年久失修而廢圮，侍郎范坦主持重
建。重修的滕王閣比唐閣更大，並在主閣的南北增建壓江、挹翠
二亭，形成一組建築群，其規制堂皇，氣勢宏偉，被譽為「歷代
滕王閣之冠」。滕王閣為歷代封建士大夫們迎送和宴請賓客之
處。明太祖朱元璋也曾設宴閣上，命諸大臣、文人賦詩填詞，欣
賞燈火。明景泰年間（1450～1456），巡撫都御使韓雍重修滕王
閣，其規模為三層，高二十七米，寬約十四米。成化年間，滕王
閣又一次得到修葺，但不久又被毀。僅清康熙年間，滕王閣就三
遭毀壞，但旋即被重修。滕王閣歷代屢毀屢興，總計達二十八次
之多。使滕王閣歷久而不衰，廢而重興的內在力量是其厚重的歷

43（唐）韓愈：《新修滕王閣記》，載《御選唐宋文醇》卷六《昌黎韓愈
　　文六・新修滕王閣記》，四庫全書本。

44 參見馮夢龍：《醒世恒言》第三十九卷《馬當神風送滕王閣》。

史文化積澱。歷代名人如蘇軾、李清照、辛棄疾、文天祥、虞集、李夢陽等來此無不慨然賦詩，滕王閣名篇佳作可謂不勝枚舉。同時，由於滕王閣地處贛江之濱，登臨其上頓感視域遼闊，風景優美，所以又是人們登臨攬勝的好地方。

　　一九二六年，北伐軍進攻南昌城，北洋軍閥鄧如琢部縱火燒城，這是滕王閣歷史上最後一次被毀，僅存一塊「滕王閣」青石匾。一九四二年，著名古建築專家梁思成先生與其弟子莫宗江根據「天籟閣」舊藏宋畫繪製了八幅《重建滕王閣計畫草圖》。一九八九年，滕王閣第二十九次重建時，建築師即以此為依據，並參照了宋代李誡的《營造法式》一書設計建造這座仿宋式的雄偉樓閣。

（六）永修望湖亭

　　望湖亭位於永修縣吳城鎮北江湖交匯的鄱陽湖岸邊，其左、右分別有修水、贛江之水匯入湖內。這裡「地盡三江外，亭窺九派中」[45]，是登臨攬勝的最佳之地。望湖亭始建於晉代，歷史上屢有興廢。

　　望湖亭立於高大的台基上，四層三簷四角攢尖頂，亭上琉璃疊翠，翹角入雲，氣勢頗為壯觀。登亭遠眺，只見江流環帶、鄱湖浩淼，漁舟點點，恬然自適。

45　（明）胡大成：《望湖亭》，載雍正《江西通志》卷一百五十六《藝文·詩十》，四庫全書本。

第三節 ▶ 喧囂中的一方淨土——百花洲

一、歷史概述

　　東湖自唐宋以來便是南昌城中著名風景湖，這一帶名勝古跡眾多。湖中有三座小島，景致清麗，是為百花洲。「古豫章十景」中的「東湖夜月」、「蘇圃春蔬」二景均在此間。百花洲之名源自古代文人詩歌，歐陽修就曾作詩《和聖俞百花洲二首》。《江城名跡記》載：「宋紹興年間，張澄建亭其上，匾曰『講武』，以習水軍，洲畔有柳，即以百花為名。」[46]宋代況志寧有詩云：「講武亭前水四流，遊蜂飛蝶滿芳洲。西風戰艦知何處，贏得斜暉伴白鷗。」[47]又云：「波光清淺玉虹橫，過客誰題柱上名。錦繡鋪張春色滿，小車花外麗人行。」[48]南宋著名隱士蘇雲卿「離群獨居，泯其形跡」[49]，來此隱居二十餘年，在此留下不少文化遺跡。歷史文人來此遊觀，仰慕蘇公高風，爭相吟詠，更為百花洲增添了豐富的文化意蘊。清人楊毓健有詩云：「誰道蓬瀛在海東，仙源咫尺小橋通。囂塵迥隔清流外，砥柱孤標巨浸中。百雉

---

46 同治《南昌府志》卷七《地理》，臺北：成文出版社有限公司影印本，1989，第 763-764 頁。

47 （明）李賢等：《明一統志》卷四十九《江西布政司‧南昌府》，四庫全書本。

48 （清）陳宏緒：《江城名跡》卷四《證今二》，四庫全書本。

49 （明）胡儼：《蘇雲卿祠記》，載雍正《江西通志》卷一百二十九《藝文‧記八》，四庫全書本。

城闉環靜影，萬家煙火映晴空。雖然丘壑無多地，盡日登臨興不窮。」[50]這首詩是當年東湖與百花洲一帶名勝的真實寫照，其環境清幽，古韻悠揚之特色表露無遺。

歷史上，百花洲代有興廢。明正統七年（1442），在監察御史張謙倡議下，地方官員與文人共同捐資在百花洲上建「蘇雲卿祠」，「以配徐孺子」[51]，胡儼為此作《蘇雲卿祠記》。胡儼在文中將蘇雲卿與漢末南昌高士徐孺子相比，稱之為「東湖之孺子」。袁懋謙詩云：「浮雲何澹蕩，空水足留連。一夜東湖雨，春蔬綠可憐。鑿壞辭後載，抱甕想前賢。寂寞高風遠，疏楊斷暮煙。」[52]清初，百花洲上屋宇頹廢。康熙二十七年（1688），巡撫宋犖在百花洲上建亭榭。康熙三十五年（1696），江西巡撫安世鼎修葺百花洲並在此建廟，「繞湖甃石、畫檻、紅橋，有古講武堂、滄浪亭諸勝。」[53]康熙四十三年（1704），巡撫李基和在百花洲上堆假山。康熙五十六年（1717），巡撫白潢重修講武堂。康熙五十七年（1718），南昌大旱，巡撫白潢求雨得償所願，於是在百花洲上憩雲庵前建雨公亭。後來雨公亭實際上成為

---

50 （清）楊毓健：《百花洲》，載雍正《江西通志》卷一百五十五《藝文·詩九》，四庫全書本。

51 （明）李賢：《明一統志》卷四十九《江西布政司·南昌府》，四庫全書本。

52 （明）袁懋謙：《蘇雲卿祠》，載《江西通志》卷一百五十三《藝文詩七·五言律》，四庫全書本。

53 雍正《江西通志》卷七《山川》，四庫全書本。

百花洲上的一個觀景亭，登臨其上，「城郭闡闠鬱蔥眇，忽映帶於風帆雲樹間。遠矚西山峻窈，飛碧送青，近與湖光上下。檻外煙霞澄鮮，爭欲襲人襟袖。」[54]雍正八年（1730），巡撫謝旻、布政使李蘭、按察使胡瀛等人捐資重修百花洲，「環堤植柳數千株，春夏間蔥鬱尤可愛」[55]。此後，江西巡撫岳濬又曾對之進行修葺。雍正十一年（1733），布政使彭家屏刻「百花洲」三字於洲上，並在亭上題詞「水木清華之館」。南昌知縣商盤有詩云：「舊日吳王苑，蒼涼變古邱。誰知十里外，亦有百花洲。疏柳煙中笛，斜陽水上樓。平陽臨眺意，端為此勾留。」乾隆四十二年（1777），巡撫海成「復築堤以通蘇圃，改亭為祠，召僧以祀雲卿，歸其向所置恒沙寺田並侑以湖產殖。辟西岸濱湖一帶為射圃、箭亭，以講武事。」因此，百花洲上的「蘇翁堤」又稱「海成堤」。乾隆四十五年（1780），巡撫郝碩「於洲之東偏，改建樓閣」。道光年間，巡撫錢寶琛重修百花洲。咸豐三年（1853），太平軍進攻南昌城，江西巡撫張芾與清軍著名將領江忠源率軍死守，戰爭使百花洲遭到破壞，屋宇傾圮。同治四年（1865），「巡撫沈葆楨率僚屬及紳士新修於東邊，奉敕建張文翼（芾）、江忠烈（忠源）專祠，其余亭軒及蘇公亭皆煥然一新。」[56]

---

54 （清）王思訓：《雨公亭記》，載雍正《江西通志》卷一百三十五《藝文·記十四》，四庫全書本。

55 雍正《江西通志》卷七《山川》，四庫全書本。

56 同治《南昌府志》卷七《地理》，臺北：成文出版社有限公司影印本，1989，第 764-765 頁。

二、風景名勝

（一）蘇翁圃

百花洲上有蘇翁圃，俗稱「三洲蘇翁圃」，今人簡稱「蘇圃」或「蔬圃」，是南宋名士蘇雲卿結廬隱居、開園種菜的地方。蘇雲卿多才且品行高潔，蘇翁圃遂成為歷代文人追崇尋訪之勝跡。《宋史》載：

> 「蘇雲卿，廣漢人，紹興間來豫章東湖結廬獨居，待鄰曲有恩禮，無良賤老稚皆愛敬之，稱曰蘇翁。身長七尺，美須髯，寡言笑，布褐草履，終歲不易。披荊畚礫為圃，藝植耘芟，灌溉培壅，皆有法度。雖隆暑極寒，土焦草凍，圃不絕蔬，滋鬱暢茂，四時之品無闕者。味視他圃尤勝，又不二價，市鬻者利倍而售速，先期輸直。夜織履，堅韌過革舄，人爭貿之以饋遠。以故薪米不乏，有羨則以周急應貸，假者負償，一不經意。溉園之隙，閉門高臥，或危坐終日，莫測識也。
>
> 少與張浚為布衣交，浚為相，馳書函金幣屬豫章帥及漕曰：『余鄉人蘇雲卿，管、樂流亞，遁跡湖海有年矣。近聞灌園東湖，其高風偉節，非折簡能屈，幸親造其廬，必為我致之。』帥、漕密物色，曰：『此獨有灌園蘇翁，無雲卿也。』帥、漕乃屏騎從，更服為遊士，入其圃，翁運鋤不顧。進而揖之，翁曰：『二客何從來耶？』延入室，土銼竹

幾，地無纖塵，案上有《西漢書》一冊。二客怳若自失，默計此為蘇雲卿也。既而汲泉煮茗，意稍款洽，遂扣其鄉里，徐曰：『廣漢。』客曰：『張德遠廣漢人，翁當識之。』曰：『然。』客又問：『德遠何如人？』曰：『賢人也。第長於知君子，短於知小人，德有餘而才不足。』因問：『德遠今何官？』二客曰：『今朝廷起張公，欲了此事。』翁曰：『此恐怕他未便了得在。』二客起而言曰：『張公令某等致公，共濟大業。』因出書函金幣置几上。雲卿鼻間隱隱作聲，若自咎歎者。二客力請共載，辭不可，期以詰朝上謁。旦遣使迎伺，則扃戶闃然，排闥入，則書幣不啟，傢俱如故，而翁已遁矣，竟不知所往。帥、漕覆命，浚拊几歎曰：『求之不早，實懷竊位之羞。』作箴以識之，曰：『雲卿風節，高於傅霖。予期與之，共濟當今。山潛水杳，邈不可尋。弗力弗早，予罪曷鍼。』」**57**

明末清初，又有南昌籍文人陳允衡隱居東湖。「陳允衡字伯璣，……家東湖。避亂，流寓蕪江，……後徙舊京，晚複歸東湖，葺蘇雲卿蔬圃故址居之。」**58**古人云：「小隱隱於山，大隱隱於市。」歷史上，百花洲儘管不似今日處於繁華的市中心地帶，但也是人員往來頻繁的城郭風景勝地。蘇雲卿、陳允衡等人

57（元）脫脫：《宋史》卷四五九《蘇雲卿傳》
58（清）徐鼒：《小腆紀傳·補遺卷》第四《陳允衡》。

隱居於此，可謂頗具大隱風範。

（二）孺子亭

　　孺子亭位於東湖南端的小洲之上，是為紀念漢末南昌（今豐城白土鄉隱溪村）高士徐稚所建。徐稚（97-168），字孺子，少學今文經學，兼通天文、曆算，家貧務農，自食其力，公府征辟，皆不就，時稱「南州高士」。孺子亭歷史悠久，唐人徐鉉有「洪厓壇上長岑寂，孺子亭前自別離」[59]之句。唐宋八大家之一的曾鞏任洪州（今南昌）知州時建徐孺子祠以祀之，並作記敘述了歷史上相關紀念性建築修建的情況：「按圖記，章水北經南昌城，西曆白社，其西有孺子墓，又北曆南塘，其東為東湖，湖南小洲上有孺子宅，號孺子台。吳嘉禾中，太守徐熙於墓隧種松，太守謝景於墓側立碑。晉永安中，太守夏侯嵩於碑旁立思賢亭，世世修治，至拓跋魏時謂之聘君亭。今亭尚存，而湖南小洲，世不知其嘗為孺子宅，又嘗為台也。余為太守之明年，始即其處結茅為堂，圖孺子像，祠以中牢，率州之賓屬拜焉。」[60]南宋文人趙蕃曾來孺子亭遊賞，所見是「亭閣幽邃」[61]的景象。南宋末年，孺子亭遊人眾多，商販亦從中牟利。這一情況可以從《堯山

59 （清）曹寅等：《全唐詩》第七五五卷《南都遇前嘉魚劉令言遊閩嶺作此與之》。

60 （宋）曾鞏：《徐孺子祠堂記》，載雍正《江西通志》卷一百二十三《藝文‧記二》，四庫全書本。

61 （清）《武英殿聚珍版叢書》，《四庫輯本別集拾遺》。

堂外紀》的記載中得到反映，其曰：「豫章有徐孺子亭，官司鬻
民賣酒其間。劉潛夫題詩云：『孺子亭前插酒旗，遊人哪解薦江
離。白鷗欲下還飛起，曾見當年解榻時。』帥聞之，亟令住
賣。」[62]

孺子亭文人墨客吟詠詩文頗多。北宋著名文人黃庭堅曾來孺
子亭瞻仰史跡，並有「玉台書在猶騷雅，孺子亭荒只草煙」[63]之
詩句傳世。明太子少保禮部尚書、文淵閣大學士李東陽亦詩云：
「湖水東頭孺子亭，十年人地兩俱靈。憑誰為酌湖中水，一洗人
間醉夢醒。」[64]在眾多詩文中，人們常常將徐孺子與蘇雲卿兩位
相隔千年的古人聯繫在一起。如，清人吳雯炯詩云：「花飛細雨
雲卿圃，草滿斜陽孺子亭。」[65]又如繆祐孫詩云：「孺子亭邊柳，
蘇卿祠外荷。」[66]凡此等等，多懷空古之憂思，仰高士之儀範。

（三）狀元橋

狀元橋是南昌東湖和南湖之間的分界橋，始建於明萬曆四十
七年（1617），舊名廣濟橋。據說清乾隆年間，江西大庾有個叫

---

62 （明）蔣一葵：《堯山堂外紀》卷六十一《宋・劉克莊》。

63 （宋）黃庭堅：《送徐隱父宰餘干二首》，載北京大學古文獻研究所：
《全宋詩》卷一〇〇九《黃庭堅・三一》。

64 （明）李東陽：《題東湖圖》，載蕭智漢《新增月日紀古》卷之十下。

65 （清）吳雯炯：《東湖》，載徐世昌：《晚晴簃詩匯》卷五十一《吳雯
炯》，退耕堂刻本。

66 （清）繆祐孫：《贈李秀峰》，載徐世昌：《晚晴簃詩匯》卷一百七十五
《繆祐孫》，退耕堂刻本。

戴衢亨的人，自幼勤奮好學，才華出眾，但時運不濟，因為縣令
不賞識，直到三十歲還沒能考取一個秀才。有一年又值鄉考，戴
衢亨又名落孫山。眾童生不服，給他捐了個秀才才取得鄉試的資
格。八十天當中，他憑著滿腹才學，從鄉試到殿試，連中三元，
皇帝召見，欽點頭名狀元，衣錦還鄉。那位縣太爺，自知難逃厄
運，便連夜掛印逃走。戴衢亨為了出這口怨氣，並警告那些官
員，便在路過南昌廣濟橋時，在橋旁揮毫題聯：「三十年縣考無
名府考無名道考也無名人眼不開天眼見，八十日鄉試第一京試第
一殿試又第一藍袍脫下紫袍歸。」後來，南昌知縣錢志遙主持重
修「廣濟橋」，並將之改名「狀元橋」。一九三五年，該橋改為
混凝土平橋。狀元橋是南昌文運的象徵，古今讀書人都樂於來此
遊賞，有舊諺云：「狀元橋上走一遭，行詩布令不須抄，狀元橋
上三往返，文章風流天下效。」

（四）佑民寺

　　佑民寺位於狀元橋畔，始建於南朝梁代天監年間（502-
519）。據說當時蛟龍為害，豫章王造大佛一尊，以鎮蛟龍。太
清元年（547），葛鱘捐宅建寺，供奉鎮蛟大佛，所以寺名為大
佛寺。唐開元年間（713-741），大佛寺奉敕改稱開元寺，寺內
「有唐明皇銅像，號真容殿」[67]。唐大曆八年（773），有禪宗八
祖之尊的馬祖道一來到開元寺，在此弘法長達十五年之久。馬祖

67　（清）陳宏緒：《江城名跡》卷三《證今一》，四庫全書本。

道一在開元寺，造就了懷海、智藏、普願等入室弟子一三九人，他們「各為一方宗主，轉化無窮」[68]。馬祖道一機鋒峻烈、殺活自在的禪風，後經懷海等發揚光大，逐漸成為南禪宗獨特宗派，人稱「洪州禪」，開元寺一時成為江南佛學中心之一。唐大中年間開元寺被火焚毀，「後南平王鐘傳奏復建為上藍院，以居上藍山僧令超」[69]。唐宋時期，因「江西向無貢院，每於城東開元寺試士」[70]。因此，開元寺又是文人薈萃之地。宋代，上藍院「為府城叢林第一」[71]。宋真宗時，上藍院又改名承天寺，其地位得到進一步提升，政和年間改名能仁寺。元末，該寺毀於戰火之中。明初，在寺故址上設南昌縣治，將寺遷往元代帝師殿（即鐘傳故居）。

清代，寺名又改為佑清寺。嘉慶年間，佑清寺鑄造了高一點六丈，重達三六〇〇〇斤的巨大銅接引佛，南昌民諺中「南昌窮是窮，還有三萬六千斤銅」，指的就是這尊銅佛。這尊銅佛後來在「文革」中被毀。民國初年，佑清寺遭戰亂之厄，破壞嚴重。一九二九年，南昌居士、著名中醫姚國美等和南海行宮住持恒定和尚共同發起修復佑清寺。修復竣工之後，姚國美等共議將寺名改為佑民寺。新中國成立後，佑民寺一度有所發展，但「文革」

68 （宋）釋普濟：《五燈會元》卷三《南嶽懷讓禪師法嗣第一世》，四庫全書本。

69 （清）陳宏緒：《江城名跡》卷三，《證今一》，四庫全書本。

70 雍正《江西通志》卷十八《學校二·貢院附》，四庫全書本。

71 （宋）祝穆：《方輿勝覽》卷十九《江西路》，四庫全書本。

中慘遭破壞。現在佑民寺還保留了一座宋代銅鐘，高七尺，圍一點四六丈，重達一〇〇六四斤。佑民寺銅接引佛、宋代古銅鐘和普賢寺鐵象，舊時被稱為「南昌三寶」。

（五）「湖山小隱」

「湖山小隱」在東湖南岸，是詩人陳陶隱居之所。宋代文人戴復古有長詩云：「故人昔住金華峰，面帶雙溪秋水容。故人今住伏龍山，陳陶古圍茅三間。千載清風徐孺子，門前共此一湖水。百花洲上萬垂楊，白鷗群裡歌滄浪。故人心事孺子高，故人詩句今陳陶。短食飯牛不逢堯，何如繡鞍上著錦宮袍。瓦盆對客酌松醪，何如紫霞觴泛碧葡萄。豆箕燃火度寒宵，何如玉堂夜照金蓮膏。吟成禿筆寫芭蕉，何如沉香亭北醉揮毫。再三問君君不對，目送飛鴻楚天外。細讀山中招隱篇，意興超然煙霞會。照影湖邊雙鬢皓，此計知之悔不早。三椽可辦願卜鄰，荷鍤相隨種瑤草。」[72]此外百花洲還有三洲亭、中山亭和文物廣場等名跡。其中，「三洲亭，在東湖南，為明季喻全祀父子別業。」[73]

（六）水觀音亭

水觀音亭位於百花洲北面的南湖湖心，始建於唐代。明正德

---

72 同治《南昌府志》卷七《地理》，臺北：成文出版社有限公司影印本，1989，第 767 頁。

73 同治《南昌府志》卷七《地理》，臺北：成文出版社有限公司影印本，1989，第 756 頁。

年間，曾為寧王朱宸濠之妻婁妃的梳妝檯。婁妃十分賢德，「初宸濠謀反，妃婁氏泣諫不聽。及宸濠被擒，於檻車泣語人曰：『昔紂用婦人言而亡天下，我以不用婦人言而亡。』」[74]寧王戰敗，婁妃投水而死，其南湖梳妝檯便成為一處歷史名跡，承載了這段往事。萬曆年間，這裡一度成為相國張位的別墅，改名為杏花樓。當時這裡環境優美，「長堤蜿蟺，垂柳毿毿覆之。樓孤峙於水中央，四面蒼波翠影環抱，無左右鄰居。」[75]萬曆末年，新建文人陳宏緒在此與彥會等十一人有結社之雅聚。大戲曲家湯顯祖與劉應秋、吳應賓等人在此亦有吟詠。清朝為旌表婁妃，地方民眾募捐修建因是庵。明末清初文人黃雲師有詩云：「白野閑依堞，蕭齋坐碧叢。柳將秋氣瘦，人過板橋空。佛火連虛幌，漁梁落晚虹。徘徊宜小隱，幽興與誰同。」[76]從這首詩中可以體察到當年這裡的清幽景象。乾隆五十三年（1788），重修時改稱觀音亭，又稱「水觀音亭」。對於水觀音亭的出現，有人指責其為指佛穿衣、靠佛吃飯的牟利之舉。有東湖雜詩為證：「婁妃妝台何處尋，傳聞遺址在湖心。不道居民貪福利，募緣建閣祀觀音。」

　　清末，水觀音亭漸漸廢圮。一九一九年，地方百姓又募捐重修水觀音亭，重修後的亭高兩層，四周用磚石砌牆，漲水時不淹。於是，柳綠荷香，觀音亭倒影湖中的美景又得到重現。解放

---

74 雍正《江西通志》卷三十二《武事四‧明》，四庫全書本。

75 （清）陳宏緒：《江城名跡》卷二，《考古二‧杏花樓》四庫全書本。

76 （清）黃雲師：《東湖因是庵》，載《江西通志》卷一百五十三《藝文詩七‧五言律》，四庫全書本。

後，江西省人民政府文物管理委員在此辦公，並常舉辦文物展覽。一九八六年，人民政府重新維修水觀音亭，並增闢廣場和院門，現南昌畫院設於其內。

第五章

名城古鎮古村

第一節 ▶ 國家歷史文化名城

一、南昌

南昌位於江西省北部，贛江下游，為江西省省會，是全省政治、經濟、文化中心，面積六一七平方千米，市區人口一七○點二萬。自古以來，南昌就以水陸交通發達，形勢險要而著稱。初唐四傑之一的王勃在《滕王閣序》稱其為「襟三江而帶五湖，控蠻荊而引甌越」。南昌是全國三十五個特大城市之一，一九八六年被評為國家歷史文化名城，二○○○年，南昌入選為「中國優秀旅遊城市」，二○○六年又被國家評為「全國衛生先進城」。

（一）政區沿革

南昌是一座歷史悠久的江南古城。西元前二○二年，漢高祖劉邦命潁陰侯灌嬰駐守南昌一帶。第二年，灌嬰率部在今南昌火車站東南約四公里的皇城（黃安）寺附近修建了一個方圓十里八十四步、辟有六門的土城，時人稱之為灌城，是南昌建城的開始。

南昌之名始於西漢[1]，寓「昌大南疆」和「南方昌盛」之意，並為豫章郡治。南昌城池多次變遷興廢，城名數易，隋初為洪州治，唐、宋為江南西道及洪州治所，為東南有名的都會，故又稱洪都[2]。

（二）歷史文化

南昌文化昌盛，經濟繁榮，號稱「物華天寶、人傑地靈」。唐代南昌在青瓷器的燒造，漆器、紡織品的生產，銅器的製造以及金、銀手飾的生產工藝等方面都有很高的聲譽，一度是江南的冶煉、紡織、造船中心和商業都會。位於豐城市的洪州窯是唐代的八大名瓷窯之一。北宋時，南昌是全國五大造船中心之一。

南昌鐘靈毓秀，文化淵源可上溯至春秋戰國時期的澹台滅明。自西漢始，南昌先後孕育了西漢高士徐稚、晉代治水專家許遜、五代南唐的畫家董源、徐熙、宋代詞宗晏殊、元代散曲作家劉時中、航海家汪大淵、明代天文學家歐陽斌元、明末清初「四大畫僧」之一的朱耷（八大山人）、「三大醫家」之一的喻嘉言、清代《四庫全書》編輯彭元瑞、裘曰修和曹秀先等傑出人物。此

1　漢書卷二八上，志第八上：豫章郡，高帝置。莽曰九江。屬揚州。戶六萬七千四百六十二，口三十五萬一千九百六十五。縣十八：南昌，莽曰宜善。

2　洪都之名來自於「洪州」，因隋唐宋三代南昌曾為洪州治所，又為東南都會而得名。上海辭書出版社《辭海（1989 版）》，「洪都」條，925頁。

外，歷代名士文人還在南昌留下了許多傳誦千古的佳話軼事和不
朽詩文。

近現代南昌更是一座富有光榮傳統的革命名城。一九二七年
八月一日淩晨，中國共產黨在這裡舉行了震驚中外的「八一起
義」，打響了中國共產黨武裝反抗國民黨反動派的第一槍，創建
了一支黨領導下的人民軍隊，南昌當之無愧地成為「軍旗升起的
地方」[3]。

（三）發展現狀

現代的南昌是一座風光旖旎的花園城市，擁有中國一流的水
質和空氣，綠化覆蓋率達百分之五十九，經濟繁榮，文化昌盛，
具備良好的可持續發展環境，已經形成「一江兩岸、南北兩城，
城中有湖、湖中有城，河水相連、玉帶繞城」的城市建設框架，
被譽為中國南方的一顆「綠色明珠」。

南昌是國家歷史文化名城，旅遊資源豐富，現有自然景觀二
十六處，人文景觀七十八處，其中國家重點風景名勝區一個，國
家 4A 景區三個，國家級文物保護單位十個，國家級森林公園一
個，省級文物保護單位二十三個，省級森林公園四個，市級文保
單位二十三個。[4]其中，滕王閣有「西江第一樓」的美譽，位列

3　南昌市旅遊局編《南昌導遊》（內部資料），2006，第 1 頁。
4　上海社會科學院旅遊研究中心：《南昌旅遊業發展總體規劃》（2008-
　2020），第 6 頁。

江南三大名樓之首；明末清初的著名畫家八大山人的紀念館是中
國書畫藝術的重要殿堂；八一起義紀念館是當年起義的總指揮
部，而今是紅色旅遊經典景區。

南昌是江西省會城市，是江西旅遊的中心集散地，具有得天
獨厚的交通區位優勢，已形成水、陸、空四通八達的交通網絡。
這裡有京九、浙贛、皖贛、向樂四條鐵路線，320、316、105 三
條國道越境而過，並擁有江西唯一能起降大型飛機的 4D 級國際
機場——昌北國際機場，為各方遊客進出南昌提供了便利條件。
南昌旅遊服務設施齊全，擁有星級賓館四十多家，各類體育場
館、娛樂設施和高爾夫球場、度假村等一應俱全。

（四）主要景點

1. 滕王閣

滕王閣自古就被稱為我國江南三大名樓之首。最早是由滕王
李元嬰興建的，李元嬰是唐高祖李淵第二十二個兒子，喜歡遊山
玩水，縱情聲色歌舞，終日不理政事。永徽三年（652）從蘇州
刺史任上調任洪州都督時，從蘇州帶來一班歌舞樂伎，常在府中
表演歌舞。第二年便在章江門外贛江之濱建一高閣（即滕王
閣），經常在閣上飲宴歌舞，甚至徹夜不歸，弄得章江門的守城
官兵也不敢關門入寢[5]。

滕王閣被譽為「江南三大名樓」之一，因唐王勃《滕王閣

5 南昌市旅遊局編《南昌導遊》（內部資料），2006，第 59 頁。

序》而聞名天下，為歷代封建士大夫們迎送和宴請賓客之處，明代開國皇帝朱元璋也曾設宴閣上，觀看燈火。滕王閣屢毀屢建達二十八次之多。最近一次重建是以建築大師梁思成及其學生莫宗江二人設計的草圖為依據，由梁思成的學生陳星文等工程技術人員重新設計興建的，新閣於一九八九年重陽節重新開放。新落成的滕王閣，較一千三百多年前的建築更巍峨雄壯，充分表現「飛閣流丹，下臨無地」的氣勢。重建後的滕王閣，無論是高度還是面積，均超過了黃鶴樓和岳陽樓，居三大名樓之首。滕王閣新閣連地下室共九層，高五十七點五米，建築面積一三〇〇〇平方米。步入新閣，仿佛置身於一座藝術殿堂。在第一層正廳是大型漢白玉浮雕《時來風送滕王閣》，巧妙地將滕王閣的動人傳說與歷史事實融為一體。第二層正廳是 23.90×2.55 米的大型壁畫《人傑圖》，繪有自秦至明的八十位江西歷代名人。與第四層表現江西山川精華的《地靈圖》，堪稱雙璧，令人歎為觀止。第三層在廊簷下有四幅巨型金字匾額，東為「江山入座」，西為「水天空霽」，南為「棟宿浦雲」，北為「朝來爽氣」。第五層與第三層相似，是登高攬勝、披襟抒懷、以文會友的最佳處。廊簷下四塊金匾，內容出自《滕王閣序》。正東為「東引甌越」，南為「南溟迴深」，西為「西控蠻荊」，北為「北辰高遠」。

2. 繩金塔

　　繩金塔坐落在南昌市西湖區繩金塔街東側，原古城進賢門外，是江西省重點文物保護單位，二〇〇二被評為新豫章十景之一。繩金塔始建於唐天祐年間（904-907），歷經滄桑，屢毀屢興，現存塔體為清康熙五十二年（1713）重建。一九八五年，國

家文物局，省市人民政府撥款修復繩金塔。一九八八年清明動工，一九八九年十月竣工。

相傳建塔時，掘地得鐵函一隻，內有金繩四匝、古劍三把（分別刻有「驅風」「鎮火」「降蛟」字樣），還有舍利子三百粒，繩金塔因此而得名。繩金塔為江南典型的磚木結構樓閣式塔，塔高五十點八六米，塔身為七層八面，內正外八形，其朱欄青瓦，墨角淨牆及鎏金葫蘆型頂，有濃重的宗教色彩。其外觀古樸秀麗，具有江南建築的典型藝術風格。目前繩金塔景區由千佛寺、繩金塔、仿古戲臺、大成殿、民俗館、鳴江園和仿古商貿楹聯街組成。

二○○○年世紀之交，南昌市開始著力規劃繩金塔，努力把繩金塔建設成為具有地方特色的集宗教、文化、旅遊、美食、工藝品銷售為一體的繩金塔公園，使繩金塔重煥生機。它建成以後，將與上海城隍廟，南京夫子廟相媲美。至二○○六年，南昌繩金塔廟會已經成功舉辦過四屆，並獲得「中國節慶五十強」稱號。

3. 西山萬壽宮

西山萬壽宮，是為紀念晉代著名道家人物許真君[6]而修建的一座宮殿。坐落於距南昌市西南三十公里的西山逍遙山下。道教認為除了凡人居住的世界外，還有神仙的處所三十六洞天，七十

---

6 本名許遜，晉道士，汝南（今河南汝南）人，家南昌。傳說東晉寧康二年（西元 374 年）在南昌西山，舉家拔宅飛升。《辭海》第 381 頁，「許遜」條。

二福地。許真君棲身修煉的西山則為第四十福地。因他在此仙逝，故又稱「飛升福地」。西元一五二〇年（明正德十五年），皇帝題額「妙濟萬壽宮」對宮內建築作了重大修葺。至清代增建關帝閣、萬壽宮門、這時是萬壽宮極盛時期，占地三萬一千平方米，紅牆琉璃瓦，雕梁飛簷，金碧輝煌，氣勢宏偉。除宮內鱗次櫛比的建築外，宮外還有大量的輔助建築，如接仙台、雲會堂、沖升閣等形成一個以萬壽宮為中心的古建築群。遠眺西山萬壽宮，萬頃綠海中，琉璃瓦黃綠相間，絢麗多彩，飛簷串串銅鈴，金光閃爍，層層斑斕的宮頂，突兀鶴立，天地氤氳、萬物化淳，疑是天上宮闕。鐵鑄大吊針，重二噸餘，入夜鐘聲宏渾悠揚，能傳十里之遙。其中有三棵柏樹，已有一千七百多年。宮門前有一八角井，傳說為鎮蛟龍所建。農曆正月二十七日是許真君誕辰，為每年小朝；八月仙逝日為朝覲高潮，各地信民薰沐齋戒紛紛前來進香，成千上萬的進香者比肩接踵、張袂成蔭。他們進入宮後一步一跪拜，到殿前陳敬貢品，晉謁仙顏，祈禱自己的心願。焚香爐前，鞭炮聲不絕於耳，香火明燭通宵達旦，爐煙縹緲，鐘聲悠揚，一派仙家氣氛。

4. 八大山人紀念館

八大山人紀念館座落在歷史修久、風景優美的青雲譜內，相傳二千五百多年前，周靈王之子王子晉到此開基煉丹。西漢末年，南昌尉梅福曾棄官隱釣於此，後人建「梅仙祠」祀之。東晉年間許遜治水至此，始倡道教淨明派，並建太極觀，唐大和五年易名太乙觀。宋至和二年復易名天寧觀、至清順治十八年始定名青雲圃，後易「圃」後「譜」。譜內屋宇佈局以關帝殿、呂祖

殿、許祖殿為主體，三殿逐次遞進，曲廊相通，甚是幽雅。一九五七年被定為省級重點文物保護單位。一九五九年辟為八大山人紀念館，陳列八大山人書畫作品。八大山人姓朱名耷，是我國明末清初的傑出畫家，生於明天啟六年（1626），是明太祖朱元璋第十六子朱權的九世孫，世居南昌，卒於清康熙四十四年（1705），享年八十歲[7]。明亡後，抱著對清王朝不屈的態度出家為僧。後還俗，自築陋室寤歌草堂於南昌城郊，孤寂貧寒地度過了晚年。八大山人在藝術上有獨特的建樹。他以水墨寫意畫著稱，尤擅長花鳥畫。其畫面構圖縝密、意境空闊；其筆墨清脫純淨、淋漓酣暢；取物造形旨在意象，筆簡意賅，形神兼備，體現出其孤傲落寞清空出世的思想情感。其書法善用淡墨禿筆，遒勁流暢，含蓄內斂，圓渾醇厚，亦工篆刻。其詩文多為幽澀古雅。三百年來他飲譽畫壇，清代「揚州八怪」，吳昌碩，近代齊白石、張大千、潘天壽、李苦禪等畫家都不同程度受其影響。一九八五年八大山人被聯合國科教文組織命名為中國古代十大文化名人之一。

5. 梅嶺風景區

梅嶺風景區是一座城郊結合、丘陵和山地結合的國內大中城市內罕見的多功能型風景名勝區，適宜觀光度假、避暑休養、會議洽商、文化探源、宗教活動、科普科考、教學科研、革命教育等多項活動。方圓一五〇平方公里的梅嶺風景區，處在江南最大

7　南昌市旅遊局編《南昌導遊》（內部資料），2006，第 90 頁。

的飛來峰上，是著名的避暑勝地，中國古典音律和道教淨明宗的發源地。自古以來，洪崖丹井、西山積翠、銅源三群（瀑布群、梯田群、水碓群），就是文人騷客爭相題詠的著名景觀。幽深的谷壑，蜿蜒的溪澗，奇異的岩石，旖旎的峰巒，纏綿的雲霧，如夢的佛光，騰瀉的瀑布，星羅的湖泊，構成了梅嶺風景區雄、秀、奇、幽的自然特色。而眾多重要的歷史文化遺存，如：中國音樂鼻祖——黃帝樂臣伶倫鑿井煉丹，創制音律的遺址——洪崖丹井，文明邐迤的翠岩禪寺，天寧古寺，紫陽宮等千年古剎，更顯示出其歷史文化的博大精深。

梅嶺山勢峻峭，流水潺潺，松濤蒼韻，四時蒼翠，為歷代佛、道兩家參禪煉丹之處，文人騷客修身隱居之地。有寺廟觀壇，墓塔建築，古樹名木，歷史遺址。自漢至清，飲譽一〇〇〇餘年。題刻留記的歷史名人有岳飛、張九齡、王安石、張位等共二三〇餘人，寫下名詩佳作四八〇餘篇。據宋楊傑的《西山遊記》記載，當時梅嶺建有玉隆、應聖、天寶、淩雲、棲真、太虛、太霄七處道家宮觀，翠岩、香城、蟠龍、雲峰、雙嶺、奉聖、安賢、元通八座佛教寺院，旌陽、王齊、蕭史、葛洪、洪崖、靈觀等六壇。還有遍地奇峰異石，岩洞幽谷，瀑泉湖溝。**8**

6. 八一起義紀念館

八一起義紀念館座落於南昌市中山路二五六號，位於南昌市

---

8 江西省城鄉規劃設計研究院：《梅嶺——滕王閣風景名勝區總體規劃》（2008-2020），2008，第 12 頁。

老城區中心的洗馬池，中山路西端，占地面積四四八〇平方米。
原為江西大旅社，建於一九二三年，整棟樓房是一座「回」字形
中西合璧磚泥建築，外觀呈銀灰色，坐南朝北，主體建築共四
層，中部為天井，原含九十六間房，平臺屋頂的中央有兩層小樓
和一根旗杆。這座雄偉壯觀的中西合璧建築物在二十年代的南昌
是首屈一指的建築，是當年八一南昌起義總指揮部。一九二七年
八月一日，南昌起義時，總指揮部就設在這裡。為籌畫起義，當
時，以賀龍所率國民革命軍第二十軍第一師司令的名義，包租了
整個旅社。由周恩來、賀龍、葉挺、朱德、劉伯承，成功地領導
了著名的南昌八一起義，打響了武裝反抗國民黨反動派的第一
槍。八一起義勝利後，成立了中國國民黨革命委員會，號召一切
革命者團結起來，繼續為反對帝國主義與解決土地問題奮鬥。同
時，在前委的主持下，將參加起義的部隊進行了整編。部隊仍沿
用國民革命軍第二方面軍的番號，任命賀龍為代總指揮，葉挺為
前敵代總指揮，下轄三個軍，共二萬餘人。整編後的軍隊，已經
不再是國民黨所屬的舊式軍隊，也不是統一戰線性質的軍隊，而
是一支由無產階級政黨──中國共產黨獨立領導的、為廣大人民
群眾的利益而奮鬥的革命軍隊了。**9**

　　南昌八一起義紀念館創建於一九五六年，於一九六一年經國
務院批准舊址被列為全國重點文物保護單位，是首批國家重點文

---

9 黃細嘉，龔志強：《新編導遊基礎知識》，南昌：江西人民出版社，
　　2007，第 32 頁。

物保護單位，還被國家命名為全國首批中小學愛國主義教育基地之一。一九九七年，江澤民題詞為「軍旗升起的地方」。紀念館大門臨街而立，門楣上懸掛著陳毅元帥手書「南昌八一起義紀念館」金匾。一樓，按原貌恢復了當年曾舉行過領導會議的喜慶禮堂。二樓、三樓，辟了四個陳列室、一個題詞紀念室，以及一個大型沙盤模型室。此外，按原貌恢復了周恩來、林伯渠等起義領導人的居室，以及軍事參謀團、警衛連、衛生處的部分住房。新中國成立之後，一九五六年，人民政府在此籌建南昌八一起義紀念館。門首懸掛的「南昌八一起義紀念館」鎏金館標，是國務院副總理陳毅一九五八年題寫。南昌八一起義紀念館主樓的二、三層設有四個陳列室和一個題詞紀念室──《序廳》、《歷史性的決策》、《起義前夜》、《偉大的第一槍》、《光輝的征程》五部分，生動地再現了南昌起義的光輝歷史篇章。該館還按原貌佈置了喜慶禮堂。周恩來工作過的二十號房間，林伯渠的辦公室兼臥室、二十號房間，軍事參謀團的辦公地點、九號房間，部分起義領導人住過的十號房間以及警衛連和衛生處的部分住房，均陳設了許多文物。其中二十五號房間內的大鏡臺、喜慶堂內的四把雕有如意圖案的太師椅、二張茶几和一面穿衣鏡均為原物。此外，三樓北側的展廳還陳列了一組紀念周恩來同志生平的照片。江澤民總書記在建軍七十周年前夕題寫的「軍旗升起的地方」七個金光閃閃的大字石刻作為陳列的序幕，給觀眾留下深刻的印象。多年來，南昌八一起義紀念館致力於館藏文物的徵集和研究，不斷豐富館藏文物，同時對總指揮部舊址進行了維修和翻新，對現有陳列進行了更新、改進。二○○七年在舊址附近建設了新的陳列

館，通過大量的照片、圖表、實物和文獻資料，以及電腦程式控制的模型，展現了南昌起義的醞釀、準備、爆發和發展的全過程。如運用高科技手段，採用聲、光、電同步進行的大型沙盤模型，真實地反映了當年八一起義的戰鬥過程；運用多媒體影視合成景像，生動地再現了「朱德施計」的故事情節；還運用電動圖表、繪畫、雕塑等現代化手段，豐富了整個大廳的陳列內容，使新的陳列與復原陳列相結合，更富有生動性和教育性。

二、景德鎮

享譽世界的「瓷都」景德鎮市，位於江西省東北部，距省會南昌市二五二公里，西北與安徽東至縣交界，南與萬年縣為鄰，西同波陽縣接壤，東北倚安徽祁門縣，東南和婺源縣毗連。總面積五二四七點九平方公里，人口一五二萬。景德鎮地處黃山、懷玉山餘脈與鄱陽湖平原過渡地帶，全境大小峰巒密佈，地勢旁高中低，略似盆狀。一九八二年，國務院公佈景德鎮為全國首批二十四個歷史文化名城之一。二〇〇五年，景德鎮被評為「中國優秀旅遊城市」[10]。同時，景德鎮還是國家甲類對外開放城市。

（一）政區沿革

據《浮梁縣誌》記載，景德鎮在春秋戰國時期地屬楚國東南

---

10 黃細嘉，龔志強：《新編導遊基礎知識》，南昌：江西人民出版社，2007，203-204 頁。

境，秦屬九江郡番縣，漢屬豫章郡鄱陽縣，三國時為吳地，東晉設鎮，始稱昌南，後易名新平，轄於江州，唐天寶元年（742）更名浮梁。景德鎮之名始於宋真宗景德元年（1004），事載《宋會要輯稿》：「江東東路饒州浮梁縣景德鎮，景德元年置。」景德是宋真宗的五個年號之一，用皇帝的年號命名城鎮，說明當時朝廷對它的重視。[11]

一九四九年四月二十九日，景德鎮獲得解放，隨後從浮梁縣分出，置景德鎮市，一九六〇年，浮梁縣併入景德鎮市，成為市郊區。一九八三年七月，經國務院批准，上饒地區的樂平縣劃歸景德鎮市管轄，原波陽縣的鯰魚山鄉和荷塘墾殖場同時劃屬景德鎮市昌江區。一九八八年十月，浮梁縣恢復建制。一九九二年九月，樂平縣被批准撤縣建市（縣級市），至此，景德鎮市下轄一市、一縣、兩區，即樂平市、浮梁縣、珠山區、昌江區。

（二）歷史文化

景德鎮歷史悠久，文化燦爛。雄踞長江之南，素有「江南雄鎮」之稱，歷史上與廣東佛山、湖北漢口、河南朱仙鎮並稱全國四大名鎮。自元代開始至明清歷代皇帝都派員到景德鎮監製宮廷用瓷，設瓷局、置御窯，創造出無數陶瓷精品，尤以青花、粉彩、玲瓏、顏色釉四大名瓷著稱於世。「毛澤東用瓷」、上海

---

11 景德鎮市地方誌編纂委員會：《景德鎮市志》第一卷建置志，第 7 頁。北京：中國文史出版社，1991。

「APEC」用瓷及國賓館用瓷以及各類藝術陶瓷倍受世人讚賞。
景德鎮瓷器享有「白如玉、薄如紙、聲如磬、明如鏡」的美譽。
郭沫若先生曾以「中華向號瓷之國，瓷業高峰是此都」的詩句盛
讚景德鎮燦爛的陶瓷歷史和文化。

作為國家歷史文化名城，景德鎮保存有完整的古代制瓷作坊
遺址、古窯和與制瓷業有關的古代建築，它們記錄和反映了景德
鎮豐厚的陶瓷文化內涵。其中有湖田古瓷窯遺址、南市街古瓷窯
遺址、白虎灣古瓷窯遺址、黃泥頭古瓷窯遺址、柳家灣古瓷窯遺
址、禦窯廠遺址、龍珠閣、師主廟、佑陶靈祠、天后宮、明代瓷
器街、三閭廟街及一批明清古建築。這些歷史遺存，為考察、研
究和觀賞瓷都歷史文化提供了寶貴的資料；瓷器也將景德鎮與世
界緊密聯繫在一起。[12]

（三）發展現狀

景德鎮市旅遊資源內涵豐富、獨具優勢。包括陶瓷文化、人
文景觀、生態環境等，尤以陶瓷資源獨具優勢。全市現已發現三
十多處陶瓷歷史遺址，如古代著名的瓷用原料產地及世界通稱制
瓷原料高嶺土命名地高嶺、湖田古窯遺址、明清御窯廠遺址等
等，分別列為國家級、省級文物保護單位，具有世界性的影響力
和吸引力。

---

[12] 南昌市旅遊局《導遊綜合知識資料彙編》（內部資料），2004，第 103
頁。

新中國成立以來，景德鎮不僅保持了歷史文化名城的特色，以發展瓷業為主，而且電子、機械、建材、航空、醫藥、化工、採掘、電力等多種工業全面發展，成為綜合性的新型工業城市。全市鐵路、公路、航空、水運兼備，立體交通網絡已經形成。皖贛鐵路穿境而過，北通蕪湖、南京，與津浦、滬寧線相連，南抵貴溪、鷹潭，與浙贛、鷹廈線相接。九景、景婺黃、景婺常高速公路已建成通車，景鷹高速公路在建；二〇六國道縱貫南北。客貨運輸量迅速擴大，初步形成東至上海、寧波，西至長沙、武漢，南至廣州、珠海，北至北京等運輸線路網路。羅家機場可起降麥道八十二型、波音七三七型等大中型客機，現已開通景德鎮至北京、上海、廣州、廈門、武漢、鄭州等地六條航線。水運客貨輪三〇〇噸級船舶可常年經鄱陽湖直抵長江。景德鎮的飛速發展使得重振瓷都雄風，建設「經濟實力較強的經濟重鎮和歷史文化與現代文明融為一體的江南旅遊都市」不是夢。

（四）主要景點

1. 高嶺──瑤里

高嶺──瑤里景區位於浮梁縣境內，面積為一九三點三平方公里。瑤里，古名窯里。遠在唐代中葉，這裡就有生產陶瓷的手工業作坊，因瓷窯出名而得名。直到本世紀初，瓷窯外遷，窯裡才改名為瑤里。一九九四年八月二十四日撤鄉置鎮。二〇〇一年四月二日，被列為省級自然保護區。同年十月九日，被批准為省級風景名勝區。二〇〇三年八月九日，瑤里鎮、高嶺村分別被評為江西省首批歷史文化名鎮、名村。二〇〇五年，瑤里鎮一舉並

獲「中國歷史文化名鎮、高嶺國家礦山公園、中國自然與文化雙重遺產、國家重點風景名勝區、國家 AAAA 級景區、國家森林公園、中國重點文物保護單位」七個國家級稱號。[13]

　　高嶺土礦遺址園區　由高嶺和東埠兩個景區構成。高嶺——東埠是江西省首批歷史文化名村之一。其中，高嶺是中國古代著名的瓷用原料產區和享譽世界的高嶺土命名地，現為全國重點文物保護單位。東埠是明清之際高嶺土、釉果等景德鎮制瓷原料的集散地，被譽為「海上絲綢之路的源頭」。這裡現今仍保存著較為完整的古街巷、古店鋪、古碼頭，曾是《閃閃的紅星》等電影的外景拍攝地。

　　秀麗的自然風光　瑤里最為秀麗的景色在汪湖生態遊覽區，那裡山峭林密，景色雄奇，九五科六四八種木本植物在這裡茁壯成長，數百種野生動物在林內繁衍生息。

　　汪湖生態遊覽區內有南山瀑布群，由南山瀑、石花瀑、飛龍瀑、飄錦瀑等四段瀑布組成。瀑布群全長四〇〇多米，落差達二二〇米，主瀑寬八十米。一水四瀑，首尾相接，從大到小，先急後緩，若斷若續，時隱時現，景致甚為宜人。汪湖生態遊覽區的另一處景點是原始森林。這裡封山育林已有六〇〇多年，植被完整，從闊葉林到針葉林，從藤蔓喬木到花草灌木，色彩斑斕，層次分明，其中有國家一級野生植物南方紅豆杉，國家二級野生植

13 黃細嘉，龔志強：《江西導遊基礎知識》，南昌：江西人民出版社，2008。

物鵝掌楸、厚朴、杜仲等。

　　古樸的明清風韻　始建於西漢末年的瑤里古鎮，群峰環抱，南踞象山，北臥獅山，瑤河穿鎮而過。數百幢徽派明清古建築依山傍水、錯落有致地分佈在瑤河兩岸，飛簷翹角，粉牆黛瓦，掩映在青山綠水之中。

　　這裡有展示徽派「三雕」（石雕、木雕、磚雕）藝術的獅岡勝覽、程氏宗祠；有展現封建家族禮制思想的進士第；有再現革命鬥爭歷史的陳毅舊居、抗日動員大會會場、紅軍遊擊隊駐址；有印證往日繁華景象的明清商業街、徽州古道；有反映瑤里風土人情的燈彩和地方戲。明清商業街是古徽州大道上最為繁華的商業街之一，全長一〇〇〇多米，分為上街頭、中街頭、下街頭三段。上百幢古店鋪鱗次櫛比地分佈在街道兩旁，至今仍保存較好。

　　悠久的陶瓷文化　瑤里是景德鎮陶瓷的發祥地，遠在唐代中葉，這裡就有生產陶瓷的手工作坊。據史料記載，當時共有水碓百餘座，制瓷作坊千個，窯工近萬人，「十萬陶工，萬炮齊轟，家家窯火，戶戶陶埏」，這就是當時瓷業的真實寫照。如今保留下來的古水碓、古作坊、古龍窯遺址等主要是宋、元、明時期的，其中有座龍窯明初還曾為明太祖朱元璋修建皇宮燒制過硫璃瓦。

2. 浮梁古縣衙

　　古縣衙位於景德鎮市區北十五公里的浮梁縣城浮梁鎮。浮梁縣衙署始建於唐元和十一年（817），一〇〇〇多年來屢毀屢建，現在保存下來的浮梁縣衙門是清代道光年間（1821-1850）重修

的，自建衙之日起，距今已一五〇餘年，保存基本完好。浮梁古縣衙為江南唯一保存較完整的清代縣衙，一九八七年定為省級重點文物保護單位。**14**

　　古縣衙原占地面積六萬餘平方米，房屋三〇〇餘間，因時任知縣官居五品，故衙署比一般衙署規模大。現在的衙署是嚴格按照清代縣級衙署的規制設計建造的，主體建築在一條南北中軸線上，沿著中軸線兩側排開，保持對稱格局，整體方位坐北朝南。中軸線上又有照壁、頭門、八字門、儀門、六房、大堂、二堂、三堂、花廳、後花園等依次分佈。縣衙前有中門，一條長石砌成的路直通門內，院中石板鋪路，旁植古柏數株。大堂為五開間，空間大，前有拱形廊軒。除月梁、斗拱施以雕刻外，別無其他裝飾，建築高大、軒昂、莊重。大堂後面各置園門，內衙以二天井為中心組成兩進。二天井中均設雨蓬走廊，兩側各置廂房，正面都是三開間，頭進中開間為過道，後進中開間為廳堂。整個衙署的設計，給人的感覺卻是莊嚴與輕鬆並存，厚重與儒雅交輝，很有藝術風味。衙署外牆封以封火山牆，高大堅固，是江南典型的衙署建築，蘊涵著濃郁的地方特色。

3. 陶瓷歷史博覽區

　　景德鎮陶瓷歷史博覽區位於景德鎮市西市區風景秀麗的楓樹山蟠龍崗，它由景德鎮陶瓷歷史博物館和古窯組成，區內明清瓷

---

14 景德鎮市旅遊局等編《江西省景德鎮市旅遊業總體規劃》（2008-2020），2008，第 99 頁。

業建築和民居建築為景德鎮瓷業發展的重要歷史見證。全區以古建築為中心的園林式佈局構成了獨具特色的古文化區，成為景德鎮悠久陶瓷歷史文化的縮影。

在博覽區有歷代古陶瓷珍品陳列，有傳統鎮窯展示和手工成型制瓷工藝演示，有瓷碑長廊、名家畫苑、祖師廟、天后宮、古窯群、風火仙祠、致美軒、陶人畫坊、瓷器街等景點。

博覽區群山環繞、林木蔥鬱、湖水蕩漾、陶舍重重、名花翠竹點綴其間，人文景觀和自然風景完美地融為一體，成為中外聞名的具有鮮明個性特點的風景名勝旅遊區。這裡是全國百家愛國主義教育基地之一，也是國家旅遊局公佈的首批 AAAA 級景區[15]。

4. 龍珠閣

坐落在景德鎮市珠山區中心的珠山上，是明、清御窯瓷廠的重要標誌，也是景德鎮這座歷史文化名城的城徽。閣始建於唐代，時稱聚珠亭。宋代修葺一新，稱中立亭。明代改建，稱朝天閣。清代改稱文昌閣。民國十三年（1924）重建，稱「龍珠閣」，後毀於「文革」中。一九九〇年重建新閣，氣勢恢弘，古樸典雅，巍峨壯觀，是一幢仿明重簷宮廷建築。閣內陳列著青花釉里紅大花瓶、明代官窯巨型龍缸及珠山出土的明代官窯陶瓷珍

15 中華人民共和國國家旅遊局官方網站，http://www.cnta.gov.cn:8000/Forms/ExcellentDes/ExcellentDesList.aspx? catalogType=view&resultType=4A&imgOn=3&menuType=ExcellentDes。

品，還展出瓷都著名書畫家、陶瓷考古家的作品和著述。

5. 洪源仙境

又名洪源洞，位於樂平市東北三十八公里處峁山山麓東側，海拔三九五米。是距今一億多年前的中生代生成的石灰岩溶洞，洞體為圓拱形袋狀漏水洞。洪岩洞全長一六二〇米，最高處約八十米，最寬處約七十米，洞室總面積為八萬平方米。洪岩洞洞體寬大，雄偉壯觀。洞中由岩石和鐘乳石形成的石柱、石筍、石花以及各種景觀千姿百態，不可勝數。有五十八米高的擎天柱，惟妙惟肖的姜太公釣魚等景觀，堪稱鬼斧神工。一個個晶瑩絢麗，儀態逼真，形神畢具，栩栩如生。洞中幽泉飛瀑，溪潭串連，加以霧氣繚繞，水聲盈耳，使該洞更添神秘莫測之氛圍。「飛天瀑、震天雷、仙人田、水中天」被譽為洞中「四絕」，其中飛天瀑落差三十米，在溶洞中十分罕見。北宋著名地理學家樂史稱之為「雲氣泉聲，四時不絕」[16]；南宋名臣洪皓留下這樣的詩句：「有此乾坤有此岩，誰知仙境在人間」。洪源洞與附近的獨秀峰、翻花井、蠣崌山等共同組成省級風景名勝區。

6. 樂平古戲臺

樂平古戲臺歷史悠久、分布面廣、數量眾多，在全國乃至世界實屬罕見。許多戲臺造型獨特，氣勢恢弘，工藝精湛，是樂平市最具開發價值的文化旅遊資源。據有關部門調查，樂平市現共

---

16 （宋）樂史：《太平寰宇記》，北京：中華書局，2008。

存有四一二座古戲臺，約占全省古戲臺的五分之一以上。**17**按建築年代分，始建於宋、明的戲臺各有四座；建於清代的有七十餘座；建於民國年間的有六十餘座；其餘數百座則建於解放以後。最早的一座古戲臺是立在後港鎮菱田村的皋二公古戲臺，始建於宋徽宗宣和二年（1120），距今已有八○○餘年的歷史。

　　樂平古戲臺形式多樣、規模不一、異彩紛呈。古戲臺大抵可分為會館台、宅院台、廟宇台、萬年台和祠堂台五種。從功能上分成兩類：一是晴台，即戲臺面向寬闊的露天廣場，觀眾們一般只能在晴天時觀戲；另一類稱晴雨雙面台，即戲臺一分為二，朝向室內的檯子稱雨台，供觀眾在雨天時看戲，而朝向露天場地的檯子則稱晴台。每逢節日或華廈落成等節日慶典活動，村坊都要開台演戲，熱鬧異常。

　　演戲時間少說三五天，多至十天半月不等，而且都是夜以繼日，通宵達旦。為此，群眾中流傳著這樣的順口溜：「深夜三點半，村村有戲看；雞叫天明亮，還有鑼鼓響。」樂平現存比較完整的古戲臺有：鎮橋鎮滸崦村古戲臺、眾埠鎮界首村戲臺、湧山鎮車溪村的朱氏敦本堂等。其中滸崦村古戲臺經江西省人民政府批准，已列為省級重點文物保護單位。

17 黃細嘉，龔志強：《新編江西導遊基礎知識》，南昌：江西人民出版社，2007，第 210 頁。

三、贛州

　　贛州市位於江西省南部，所轄區域又被稱為贛南。現轄一個市轄區、十五個縣，代管二個縣級市，全市總面積三九三七九點六四平方千米，總人口八四五點六九萬人，是江西省人口和國土面積最大的行政區[18]。

（一）政區沿革

　　贛州位於江西省南部，章水和貢水合流處，是名副其實的「千里贛江第一城」。贛州最早的居民可以追溯到新石器時代。秦滅六國後，自西元前二一四年開始在此設置郡縣。漢高祖六年（前 201）在此設贛縣。隋唐時期，這裡為虔州治所。唐代隨著梅關古驛道和贛江水路南北大通道的開通，這裡成為「五嶺之要衝」、「粵閩之咽喉」。到宋代，贛州「商賈如雲」，成為當時全國三十六個大城市之一，是南方經濟、文化重鎮之一。南宋高宗紹興二十三年（1153）改名為贛州。抗戰時期，蔣經國曾任贛州專員。一九四九年八月十四日贛州解放，八月十五日將贛州鎮從贛縣劃出設立贛州市，為縣級市和贛州地區行署駐地。贛州一度成為全國的兩個特別行政區之一（另一個為海南），後改設贛西南、贛南行政區、贛州地區行署，至一九九八年十二月由國務院批准撤地設市。

18 行政區劃網，http://www.xzqh.org/old/quhua/36jx/07ganzhou.htm。

（二）歷史文化

　　贛州歷來為贛南政治、經濟、文化活動的中心，尤其自宋代以來，大庾嶺驛道的開通，長江經濟的繁榮，贛州成為連接長江、珠江、閩江三大水系的交通樞紐，並迎來了自身的空前鼎盛時期。宋代的贛州經濟繁榮，百業興旺，城市建設井井有條，已成為一座臨江而立、城廓壯觀、人煙稠密、風景秀美的名城。歷史滄桑近千年，今贛州仍保留著宋城的基本風貌，宋代古城樓的垛牆、炮城、馬面、城門保存如舊；宋代已具雛形的街道仍為今日城區的主要幹道和商業區；宋代的古浮橋、慈雲塔、城牆、鬱孤台、八鏡臺、夜話亭仍留在市區，巍然壯觀；宋代營建的城市下水道工程福壽溝仍在發揮作用；通天岩石窟、七裡鎮古瓷窯址更為古城增添了不盡的宋代風韻。一九九三年十一月，贛州作為南國宋文化古城被國務院批准為第三批國家級歷史文化名城。

　　贛州在中國革命史上擁有著光輝的一頁，是著名的革命老區。第二次國內革命戰爭時期，這裡是中央革命根據地，中華蘇維埃共和國臨時中央政府就設在贛州的瑞金市。毛澤東、周恩來、朱德、鄧小平等老一輩無產階級革命家和一大批開國元帥、將軍在這裡戰鬥過和生活過，舉世聞名的中央紅軍二萬五千里長征就是從瑞金和於都等地出發的。當年贛南有三十三萬人參加紅軍，參戰的有近六十萬人，犧牲的有名有姓的烈士有十點八萬人，約占全國烈士總數的百分之七點五，江西的百分之四十三點四。解放後，一九五五至一九六五年授銜的人民解放軍將軍中贛南籍的有一三二名，其中上將三名、中將十名、少將一一九名，

興國是全國著名的將軍縣。贛州人民為中國的革命和人民的解放
做出了巨大犧牲和貢獻[19]。

（三）發展現狀

建國以來，特別是改革開放二十年來，贛州重新煥發出勃勃
生機，各項社會事業和經濟建設均取得了前所未有的發展，基礎
建設成效顯著，投資環境明顯改善。京九鐵路貫穿贛州七個市、
縣、區共二六二公里，約占京九線全長的九分之一；105、323、
202、319 等四條國道縱橫交織，高速公路發展迅速；贛州港為
江西六大內河港口之一。一個以鐵路、公路為主幹、航空和水運
為兩翼的立體交通網絡已經形成。

贛州市現在擁有冶金、電力、煤炭、化工、機械、電子、森
工、建材、食品、輕工、紡織在內的門類齊全的工業體系。隨著
上猶江、龍潭、南河、鬥晏等一批骨幹水電站的建成，其總裝機
容量已達三十二萬千瓦。全市也已實現電話交換程式控制化、長
途電話傳輸數位化，類比和數位行動電話網已覆蓋整個地區。海
關、商檢、口岸管理、進出口等涉外機構基本齊備，贛州對外大
開放的格局基本形成。

19 黃細嘉，龔志強：《新編江西導遊基礎知識》，南昌：江西人民出版
社，2007，第 223 頁。

（四）主要景點

1. 通天岩

位於贛州城西北郊六點八公里處，景區面積六平方公里，已通過 ISO9001 國際品質管制體系認證和 ISO14001 國際環境管理體系認證，是全省「文明、優質、安全示範景區」。一九八八年，通天岩被列為全國重點文物保護單位，並於二〇〇〇年被評為國家 4A 級風景旅遊區[20]。

通天岩景區是一處發育十分典型的丹霞地貌景區，相傳其中一座石窟頂上有一洞，上可通天，「通天」名即來於此。景區內風景秀麗，岩深谷邃，且歷史遺跡豐富，文化底蘊深厚，是一處歷史與現代完美結合、自然與文化和諧統一的現代旅遊新景區。通天岩景區具有「丹霞地貌獨特、生態景致宜人、文物遺跡豐厚、石窟藝術寶庫」四大特點，包括古代石刻區和現代休閒區兩部分，其中古代石刻區是景區的核心和精華所在，現有唐宋以來摩崖造像三五八尊，北宋至民國的題刻一二八品，散佈於觀心岩、忘歸岩、龍虎岩、通天岩、翠微岩等五個岩洞之中。通天岩石窟是我國南方最大的一處石窟，同時它又是我國地理位置最南端的一處石窟群，因此被譽為「江南第一石窟」。其主要遊覽點有廣福禪林、陽公祠、陽孝本墓、雙杜堂（原本打算用來囚禁愛國將領張學良）、象鼻山、漏米洞、通天湖、一滴泉、群玉閣

---

20 中華人民共和國國家旅遊局官方網站，http://www.cnta.gov.cn:8000/ Forms/ExcellentDes/ExcellentDesList.aspx? catalogType=view&resultType =4A&imgOn=3&menuType=ExcellentDes。

等。

現代休閒區是以保護古代文化、延續宋城文化為主旨而建造的，主要包括有新石刻區、情苑、龍鳳園、十二生肖園、人生薈萃園和水上游樂園等六大區，主要景點有九點九九米高的漢白玉滴水觀音、二十三點六六米長的丹岩臥佛、西岩寺的藥師佛、千佛洞、財神廟、情苑、十二生肖園、生態迷品、噴水疊泉、嬉水旱泉、人生薈萃園、通天桂、百米長廊等。

2. 八境台

位於贛州城東北角的古城牆上，章水和貢水合流處，始建於北宋嘉祐年間（1056-1063），是贛州古城的象徵。宋朝贛州郡守孔宗翰築此台後請人繪製了一張「虔州八境圖」，求詩於蘇東坡。蘇東坡欣然而作《虔州八境圖八首並序》，由此古代中國的第一個八景——虔州八景誕生了。登上八境台，贛州八景一覽無遺。當時贛州八景為：石樓、章貢台、白鶴樓、螺亭、鬱孤台、馬祖岩、塵外亭和崆山。至清代，因景觀變化，其時的贛州八景為：三台鼎峙、二水環流、玉岩夜月、寶蓋朝雲、儲潭曉鏡、天竺晴嵐、馬岩禪影、雁塔文峰。原台為石樓，建立後歷經興毀。一九七六年，木結構的八境台不慎失火被毀。一九八三年至一九八六年底，由國家撥款重新修復，是贛州市文物保護單位。重建後的八境臺上下三層，高二十八米，總面積五七四平方米。主體建築飛簷斗拱，畫梁朱柱，雄偉壯麗，極具民族風格，是贛州市的標誌性建築。台內設有贛州博物館，台下辟為八境公園。

3. 中央革命根據地紀念館

位於瑞金市區象湖鎮，原名瑞金革命紀念館，是為紀念中國

共產黨及其領袖毛澤東、朱德等領導創建中央革命根據地和紅一方面軍而建立。該館占地面積八〇八四平方米，館舍建築面積一八二七平方米，其中主體建築為陳列展廳，占地二一二四平方米，其他為文物資料庫房及辦公用房。館內收藏文物一〇二六五件，其中一級藏品四十五件，二級藏品九十件，史料一〇二二〇份，圖書、雜誌二〇〇〇多冊。另有輔助陳列館一座，面積約一八二八平方米，舉辦中央革命根據地文物展覽，展品八〇〇多件，其中文物六〇二件。[21]這些文物資料反映了毛澤東、朱德、周恩來、劉少奇等在中央革命根據地從事革命活動的事蹟，記載了中央革命根據地和紅一方面軍的鬥爭歷史。一九五八年開館，一九九五年被評為全國優秀愛國主義教育基地，一九九六年被中宣部命名為全國百個愛國主義教育示範基地之一。同時，紀念館還被命名為全國青少年教育基地，全國中小學生愛國主義教育基地，並連續十三年被評為江西省文明單位。

4. 翠微峰

位於寧都縣城西北郊五公里處，東起燕子岩，西抵青草湖，南起蓮花山，北至龜嶺腦，方圓二十平方公里。古稱金精山，由於山崖峻峭矗立，岩石赤褐殷紅，故又被稱為「赤面寨」，是贛南最典型的丹霞地貌。因峰、岩、洞、泉、林、澗齊全而被譽為「江南盆景」。一九九四年，翠微峰被批准為國家森林公園、省級風景名勝區。

---

21 黃細嘉，龔志強：《新編江西導遊基礎知識》，南昌：江西人民出版社，2007，第228頁。

　　景區內有山峰百餘座，最高峰海拔四二六點八米，其中以「金精十二峰」最為著名。這十二峰是翠微、合掌、仙桃、瑞竹、凌霄、石鼓、三巘、獅子、望仙、伏虎、披髮、蓮花等。翠微峰景區可分為金精山、青龍岩、龜嶺腦等數個遊覽區，保存有一批歷代名人題刻。峰以翠微峰為首，洞以金精洞為最，金精洞是道家第三十五福地，由披髮峰與石鼓峰相夾而成，它是古金精山區的中心腹地。這裡峰險洞幽，溪流淙淙，古意濃厚，美景令人目不暇接。翠微峰歷史上佛道盛行，同時還是名人隱居，著書立說，授徒講學之所，其中以明末清初「易堂九子」居山講學最為馳名，是當時影響較大的學派。

　　因地形複雜，地勢險要，翠微峰為歷代兵家必爭之地。一九四九年，數千國民黨殘部踞頂頑抗，後被解放軍智取，一舉全殲，這是解放軍渡江後最大規模的一次山地戰。著名電影故事片《翠崗紅旗》就是以此為題材，以此地為背景攝製的。

5. 三百山

　　又名三伯山，位於安遠縣城東南部二十五公里處，東鄰尋烏縣，屬武夷山脈南端與南嶺山脈東段餘脈的交錯地帶，是長江水系之貢江與珠江水系之東江的分水嶺，與尋烏縣椏髻缽山同為香港飲用水源頭。

　　三百山由三〇〇多座山峰組成，總面積三三三平方公里，主峰十二排海拔一一六九米。境內森林覆蓋率高達百分之九十八，中亞熱帶常綠闊葉林自然生態系統保存完好，一一六科二五〇〇餘種木本植物爭奇鬥妍，四〇〇餘種野生動物在此棲息繁衍。其中「清澈秀麗的東江源，壯觀密集的潭瀑群，保存完好的常綠闊

葉林，無可挑剔的環境品質」堪稱三百山「四絕」。三百山集火山熔岩、奇峰幽壑、清溪碧湖、飛瀑深潭、密林古樹、珍禽異獸、怪石險灘、溫泉諸奇景於一體，融清幽、奇秀、雄險、古樸、野趣等特色於一爐，是一處純天然、高品位的風景名勝區。

三百山風景區由東風湖、九曲溪、仰天湖、福鼇塘、三疊潭五大景區一六五個景觀景物組成。其中有「江西第一河灘」——旱峰灘，南方罕見的火口湖——仰天湖，「東江第一瀑」——福鼇塘瀑布等著名景觀。

一九九三年五月，三百山被國家林業部批准為國家森林公園；一九九五年七月，被江西省人民政府列為省級重點風景名勝區；二〇〇〇年六月，被全國保護母親河工作領導小組列為「首批全國保護母親河行動」生態教育示範基地；二〇〇二年五月，被國務院批准為第四批國家重點風景名勝區[22]。

6. 梅關

位於大餘縣以南偏西十公里的梅嶺隘口，亦稱大梅關，因其地勢險要，地理位置重要而著名。梅嶺在古代亦稱為大庾嶺，居五嶺之首，海拔七四六米，是由贛入粵的重要通道，被稱為「一山分割兩邊天」。這裡不僅僅是地理上的分界線，還是古時兩個民族、兩種不同文化區域的分界線。梅嶺頂部為梅關，為宋嘉祐八年（1063）所立。梅嶺及梅關是中原和南粵之間的重要交通驛道，也是古來兵家必爭之地。現存梅關古驛道是一條保存完好的

---

22 中國國家風景名勝區網，http://www.cnnp.org/PerUser/wrscenery_search.asp? province=&city=&jqjb=0&sppc=0&action=search。

古驛道，有一三○○多年的歷史。唐開元四年（716）張九齡奉
詔在此開鑿驛道，因此在梅嶺南側現建有張公祠和夫人廟，以紀
念張九齡夫婦的功勳。唐朝時期經濟空前發展，對外輸出瓷器、
絲綢、茶葉，通過水運由長江到達贛江，溯贛江而上來到大余梅
嶺腳下，經過這條古驛道送往廣東南雄，然後運往海外。這條航
路被稱為「水上絲綢之路」，和北方的絲綢之路並稱於世。梅嶺
驛道即是這條航線上的重要陸路通道。

　　梅關梅花是梅關的另一奇景。這裡因嶺南嶺北氣候迥異，造
就了世界稱奇的「南枝花落，北枝始開」的奇觀。每年入冬，尤
其是寒冬臘月季節，山上山下，古道兩旁，梅樹擁簇，清香四
溢，點點飛紅，吸引著無數遊人流連忘返。梅嶺的梅花因其數量
之多，滿山遍野，享有「梅國」之譽。自古以來無數文人墨客在
此留下詩篇。而陳毅元帥留下的《登大庾嶺》《梅嶺三章》《偷
渡梅關》等詩作又為梅嶺增添了革命歷史的光輝。景區內山路兩
側立有碑林，彙集了一○○位歷史名人吟誦梅關勝景的詩詞。一
九九一年、一九九二年大余在此連續舉辦了兩屆「中國大余梅關
古驛道賞梅節」。

7. 長征第一渡紀念景區

　　位於于都縣城東門，是當年紅軍長征的集結地和出發地。第
五次反「圍剿」期間，由於黨內「左」傾路線的錯誤領導，在國
民黨軍隊的重兵圍剿及經濟封鎖下，中央紅軍在根據地內英勇苦
戰一年，仍然沒有打破敵人的圍剿，根據地日益縮小，紅軍被迫
轉移。當時紅軍的主要軍力集結在於都地域準備長征。于都河
（即貢江）是紅軍長征首先要過的第一條大河，當時河寬六○○

多米，水流湍急，大部隊過河就只有架設浮橋。為了保證紅軍順利渡河，于都人民無私奉獻，大力支持紅軍，當時沿河所有的民船全部停運用於渡河。在人民群眾的幫助下，紅軍順利渡過了於都河開始長征。

為了緬懷先輩偉業，一九九六年于都興建了占地三點五畝的紀念碑園。紀念碑高為十點一八米。該碑身為雙帆造型，寓意中央紅軍由此揚帆出征，碑座左邊為陸定一手書《長征組歌》第一首「十月裡來秋風涼，中央紅軍遠征忙，星夜渡過於都河，古陂新田打勝仗」。右邊是葉劍英一九六二年為緬懷當年贛南省軍區政治部主任劉伯堅寫的詩：「紅軍抗日事長征，夜渡于都濺濺鳴；梁上伯堅來擊築，荊卿豪情漸離情」。詩中引用秦朝燕國高漸離擊築高歌送別壯士荊卿刺殺秦王的歷史故事，追憶當年長征夜渡于都河，劉伯堅同志為他送行的壯烈場面和動人情景，抒發了對先烈的無限懷念和崇敬之情。二○○四年十月，于都縣在「長征第一渡」旁新建了中央紅軍長征出發紀念館。

二○○○年，中央紅軍長征第一渡景區群被省人民政府批准為江西省重點文物保護單位；二○○四年，被評為「江西省百姓心中的十大紅色旅遊景點」；二○○五年，「中央紅軍長征第一渡系列景點群」被列入全國三十條紅色旅遊精品線路，並成為全國一○○個紅色旅遊經典景區之一[23]。

---

23 中國紅色旅遊網，中國 100 個紅色旅遊經典景區名錄，http://www.crt.com.cn/ybgjq.html。

8. 客家圍屋系列

所謂圍屋，即圍起來的房屋，是客家人典型的民居建築形式，也是客家文化的重要物化載體，充分體現了客家人的高超建築藝術。圍屋的外牆既是每間房子的承重牆，也是整座圍屋的防衛圍牆。當地人也多有從功能特點上稱之為水圍（有人認為即「守圍」之音轉，也有人釋為是因圍內備設有水井，故名），也有的將之與村內及有堅固防禦圍牆的民居統稱為「土圍仔」或「圍仔」，往往一個自然村便有七八座圍屋。圍屋的兩大特點是防衛性和血緣性。圍屋是一種集家、堡、祠於一體的設防性民居，圍內不僅設計有水井和專門積屯糧草的房間，甚至連土地廟也搬進圍內，即使敵人長久圍困，也可照常祈神保平安。從某種意義上說，它就是一個獨立的王國。住在圍裡的人，不論多少，一般都是一個共同男性祖先的後裔，圍內的人互以叔伯兄弟、姊嫂嬸姪相稱。圍屋以龍南的最具代表性，最集中，形制形式也最全，除大量方形的圍屋外，還有半圓形的、近圓形的和不規則形的。據不完全統計，龍南縣現存圍屋尚有二〇〇座以上。下面選取兩處龍南客家圍屋典型精品加以介紹：

楊村燕翼圍　建於清順治年間，距今已三二〇多年，為楊村賴福之所建。《詩經·大雅·文王有聲》中有「武王豈不仕，詒厥孫謀，以燕翼子」之句，用「燕翼」為圍名，是取善為子孫後代謀劃，翼護子孫之意。

燕翼圍高十四點三米，牆厚一點四五米，長四十一點五米，寬三十一點八米，外牆厚實堅固、筆直聳立，如千仞陡壁。牆上佈滿火槍眼，東南西北四座炮閣交相呼應，可形成無射擊死角的

火力網。進圍內須經過唯一的圍門，圍門設有外鐵門、中閘門和內木門，只要圍門一關，外人莫想進來。樓上有米倉，院內有水井。相傳，牆面是用糯米粉、紅糖和蛋清攪和粉刷上去，沒有食物時可剝下來用水煮充饑。牆根離地約一尺多高處，有一喇叭形漏斗，是用來排污水的。圍屋內樓分四層，每層三十四個房間，各層有騎樓回環相通。臥室、倉庫、過道、回廊、門窗、樓梯等多變而又統一，疏密有致、通風講究、採光合理。

燕翼圍佈局科學、結構嚴謹、防禦得當，是打起仗來是碉堡，放下土炮能居家的多功能建築，充分體現了客家人為爭奪生存空間不屈不撓的鬥爭意識，是客家人智慧和力量的結晶，也是一部生動的客家變遷史，表達出豐富的人文內涵。

關西新圍　建於清代嘉慶至道光年間，迄今有一八〇多年歷史，是關西名紳徐名鈞所建。徐名鈞為一方富豪，因為子女眾多原居家圍屋日顯擁擠，於是耗資百萬，費時十多年建造了這幢圍屋，因未正式命名，與老圍西昌圍相對映，俗稱為「新圍」。這是贛南最大的圍屋，二〇〇一年被批為國家級重點文物保護單位。

關西新圍占地總面積七七〇〇多平方米，依山傍水，綠竹、池塘、農田、藍天交相輝映。圍屋呈長方形，牆高十多米，壁厚一米，四角有高大的「炮角樓」。牆上錯落有致地布有許多槍眼和炮窗，森嚴肅穆[24]。東西兩座大門，東門為身份顯貴者坐橋出

---

24 黃細嘉，龔志強：《新編江西導遊基礎知識》，南昌：江西人民出版社，2007，第 240 頁。

入之道，西門為騎馬進出之道。圍內曲徑通幽、軒廊飛簷、畫彩鎦金。主體建築五組排列，前後三進，十四個天井，正中祠堂，對稱分置十八廳，客家人傳頌的「九井十八廳」在此可得充分印證。祠堂大門兩旁置有兩尊雕刻精美的雄雌石獅。前方立有照壁，照壁後是花園，設有戲臺，戲臺正前是開合相間、賞景憩息的二層小閣樓。圍內通道貫穿各列建築，房屋百餘間佈局科學、結構嚴謹，它不僅具有安全防衛、防風抗震、調節陰陽、冬暖夏涼等功能，而且有豐富的客家文化內涵。

第二節 ▶ 明清時期四大名鎮

一、景德鎮

景德鎮春秋時屬楚地，秦統一中國之後屬九江郡，漢改屬豫章郡，三國時屬吳；東晉荊州刺史陶侃曾「擒江東寇於昌南」，遂於此設鎮，曰新平鎮，意為新近平安之地。唐代則有新昌、浮梁、昌南、陶陽等名稱，景德鎮一名則始於北宋景德年間（1004-1007）。景德鎮早在唐代就已燒出贊為「假玉器」的青白瓷，至宋時已製造出品質高超的「光澤茂美」的影青瓷，因而宋真宗派專員到此地為皇宮監製御瓷，器底書「景德年制」四字，「天下咸稱景德鎮瓷器」，新平鎮從此改名為「景德鎮」。北宋時期，南北名窯林立，景德鎮因以獨創的青白瓷聞名天下。至十二世紀初，宋室南遷，經濟重心南移，北方名窯受挫，有的能工巧匠避兵禍於景德鎮，使之集南北名窯技術之大成，制瓷業進入大

發展時期，成為「業陶都會」。元代朝廷在景德鎮設「浮梁瓷局」，專門負責燒制官府用瓷。景德鎮此時則發明了具有民族特色的青花瓷，成功燒制出釉裡紅、卵白釉、紅釉、藍釉等顏色釉瓷。明代在此設御窯廠，景德鎮已成為全國制瓷中心，「有明一代，至精至美之瓷，莫不出於景德鎮」。清康、雍、乾年間，瓷業發展迅速達到歷史高峰，制瓷技術更趨嫻熟精湛，品種豐富多彩，高低溫顏色釉「精瑩純全」，琺瑯彩、粉彩精細秀雅，造型精巧，裝飾絢麗，瓷質瑩潤。英國、義大利、法國藝術家等數十人先後來華訪問景德鎮，交流技藝。

鴉片戰爭後，景德鎮瓷業逐漸萎縮衰敗，直到新中國成立後，景德鎮瓷業才重新煥發青春，又走向繁榮振興之路。如今，「千年瓷都」已建成科研、教育、生產、出口比較完整的陶瓷工業體系，成為中國最大的日用瓷、工業瓷、工藝美術瓷生產和出口基地，也是國內外進行陶瓷藝術文化交流和旅遊觀光的極佳場所[25]。

二、樟樹鎮

樟樹自西周至春秋戰國，先後屬吳、越、楚。秦漢至隋唐，先後分屬新淦、建成、漢平、宜春、新余、始平等縣。五代南唐升元二年（938年），割高安、新淦部分地區建清江縣，縣治設

---

25 南昌市旅遊局導遊人員考評委員會辦公室：《導遊綜合知識資料彙編》
（內部資料），2004，第99頁。

蕭灘鎮（宋改臨江鎮）。北宋時治臨江軍，元時改臨江路，明洪武改臨江府，清沿明制。民國時期撤府設道，清江屬盧陵道，不久直屬於江西省。樟樹地處江西省中部，扼贛、袁兩水匯流口，又是南方各省進入南昌的必經之地，自古即為粵、桂、浙、閩、湘、鄂、蘇、皖八省通衢，是江西的水陸要津、交通樞紐。

作為千年文明古鎮，樟樹集自然精華，納人文風采，聚山之雄奇、水之秀美為一體，融五千年歷史、宗教、藥文化為一爐。樟樹是江西省市縣中古文化遺址最多的地區，現有古墓葬、古建築、石雕、碑刻、革命文物保護點一〇〇〇餘處。境內考古發現有十三處新石器時代遺址，其中以築衛城、營盤里、樊城堆為最，被考古學家命名為築衛城——樊城堆文化。築衛城遺址城廓宏大，造型奇特，被聯合國教科文組織專家認定為迄今保存最完整的新石器時代古城。吳城商代都邑遺址，出土了大量的青銅器，打破了「商文化不過長江」的定論，被列為「二十世紀全國百項考古重大發現之一」。

樟樹藥業源遠流長，始於漢晉，成於唐宋，盛於明清，歷一八〇〇年不衰。各個不同時期，樟樹都有相應的雅號：吳叫藥攤，唐謂藥圩，宋號藥市，明為藥碼頭，清稱南北川廣藥材總匯，享有「藥不到樟樹不齊，藥不過樟樹不靈」之美譽[26]，為海內外藥界同仁公認的「國藥之都」。漢代張道陵、晉代葛玄、葛洪、唐代孫思邈等道士和醫學家先後在此采藥煉丹，傳授炮製技

---

26 中國樟樹政府網，http://www.zhangshu.gov.cn/pub/zjzs/zsgk/zsjj/2008-10/20081024214528128.html。

藝，在他們的影響下，樟樹人採集、炮製中藥材世代相傳，掌握了許多秘傳妙法。境內的國家級森林公園——閣皂山以其山水風光秀麗、道教文化神奇、藥業文化瑰麗而著稱，被唐高宗賜為「天下第三十三福地」，以「道靈、藥靈、山水空靈」聲名遠播，是江南三大道教名山之一。

近年來，樟樹市抓住機遇，與時俱進，經濟穩步發展。樟樹的藥師、藥工、藥商走遍全國藥材產地，採集、選購品質上乘的藥材原料運回加工，使得樟樹的藥材品種齊全，質地精良，樟樹因此成為全國中藥材生產、加工、炮製和經營中心之一，「南國藥都」是樟樹藥業響噹噹的品牌。同時，樟樹市地處贛中，交通方便，可進入性強，處在南昌——井岡山——贛州金牌旅遊線路的必經之道上。樟樹市發展旅遊業有其突出的三大文化底蘊：中藥文化、道教文化、青銅文化，同時又有上乘的綠色環境系統。通過開發建設樟樹市藥都旅遊區、閣皂山藥道養生旅遊區、吳城商邑文化旅遊區、臨江贛文化旅遊區、築衛城遠古文化旅遊區等五大旅遊區，樟樹市將建設成為江西以藥文化為主題的新興旅遊城市，使得古老的藥都重放異彩。

樟樹最著名的景點是閣皂山。閣皂山位於樟樹市東南隅，亦稱葛嶺，是武夷山西延的支脈，主峰淩雲峰海拔八〇二點七米。閣皂山是一座寓道教文化和中藥文化為一體的名山，是道教第三十六福地，也是道教靈寶派的祖山。東漢建安七年（202），著名道士葛玄在遊歷諸名山之後，最後於閣皂山東峰臥雲庵築壇立灶，燒煉金丹，由此得道升天。

葛玄既是道教靈寶派的始祖，又是樟樹醫藥業的奠基人，閣

皂山也因此成為樟樹藥幫的「祖山」。葛玄之後，他的弟子繼續
在閣皂山佈道煉丹，種藥行醫。其中以葛洪貢獻最大，在中國道
教史上將兩葛並稱「葛家道」，閣皂山亦因兩葛而成為道徒的
「聖地」。閣皂山在宋代進入鼎盛時期，與江蘇茅山、鷹潭龍虎
山並稱天下三大名山，盛況空前。清末，閣皂山屢遭變故，延續
一六〇〇多年的宮觀香火趨於衰落。閣皂山山川風光，勝景天
成，號稱「清江碧嶂」，歷代騷人墨客如朱熹、文天祥、解縉、
施閏章、裴汝欽、黃介民等名家都曾登山覽勝。

近年來，當地政府對閣皂山的崇真宮、山門、接仙橋、鳴水
亭、鳴水橋、放生池、百花園、煉丹井等名勝古跡逐一進行了修
復。二〇〇一年，景區內設立閣皂山國家森林公園。

三、吳城鎮

吳城，又名吳山，位於永修縣東北部。轄萬壽宮、宋家巷、
樊家壟等三個居委會，松門、松豐、荷溪、丁山、同興等五個村
委會[27]。據《新建縣誌·望湖亭記》載，吳山乃「漢海昏倉廒所
也」，即糧食倉庫所在地。晉太康元年（西元 280 年），三國統
一，吳山北頭建神慧廟，廟前創經堂寺，廟後築望湖亭，亭和廟
的周圍逐步有些店面和民房出現。至南北朝宋元嘉二年，大水把
海昏縣城淹沒，「廢海昏，移建昌居之」，縣城遷往修河中游的
艾城，部分人家就近遷徙。於是吳山這邊居民驟然增加，商業也

---

　27 行政區劃網，http://www.xzqh.org/old/quhua/36jx/0425yx.htm。

隨之繁榮起來，逐步發展成一個碼頭轉運及手工業加工的大集鎮，從此，吳山易名吳城。

　　吳城地處江西五大水系交匯處。贛江、修河、饒河穿境而過，水陸十分暢通。沿內河直達全省各地，經鄱陽入長江，可抵皖、浙、蘇、滬、鄂、湘、川、渝等省市。自漢晉以來，一直在中原南北官道（鄱湖——贛江——大庾嶺——北江）的水運碼頭。宋代以後，由於經濟的發展，客貨運量迅猛增加，使其成為江西鹽業、紙、麻、糖、木材、海產進出口貿易的主要商埠和交通紐帶。乾隆到咸豐百餘年間，吳城進入鼎盛期，口岸轉輪的經濟功能已超過省府南昌，享有「裝不盡的吳城，卸不完的漢口」之讚譽。

　　發達的商運給吳城帶來了空前的繁榮。「一鎮六坊八碼頭九壟十八巷」[28]的格局漸趨形成。著名的街道有上街頭、下街頭、豆豉街、後河街、萬壽宮等，其中以豆豉街最繁華。全鎮有布匹、百貨、南雜、紙行、藥業、鹽業、木行、煙業、麻莊以及京果、文具、燈籠、銀樓、糧食、豆麥行、釀酒作坊等大小店鋪上千家。清朝晚期，吳城是江西木材外運的最大集散地，在「茶、木、鹽、紙、麻」五大行業中，木材轉運對吳城商業支撐的作用

---

28 八碼頭是：大碼頭、中碼頭、下碼頭、全楚碼頭、楊泗碼頭、五顯碼頭、司前碼頭、水滸碼頭。九壟為湯家壟、百葉壟、樊家壟、駱家壟、香菇壟、茶葉壟、鯉魚壟、東壟、西壟。十八巷為丁家巷、宋家巷、鄒家巷、趙家巷、打狗巷、二八巷、石頭巷、楊家巷、胭脂巷、茅巷、挑水巷、摸乳巷（鐵巷）、牛市巷、老丁家巷、陶家巷、筷子巷、陳家巷。

最大也是最長久，始終為「商品過境大宗」。

隨著經濟的繁榮，來自全國各地的水客和商人為了集會、寄寓、聯繫業務、解決糾紛和儲存貨物的需要，紛紛在吳城大興土木，興建同鄉會館。最盛時，全鎮會館達四十八座之多。這些會館規模巨大、工藝精巧、雕樑畫棟、疊額飛簷，富有各地的建築風格和特色。如全楚會館縱深七進，前門在樊家壟街，後門延伸到黃土水運碼頭。內有水池、假山、花園和接官亭。會館大門前有一對威武的石獅，顯得氣勢恢宏，鑲嵌於吉安會館門前的「理學名臣」四個遒勁大字至今熠熠生輝。

各會館進行商業活動的同時，異地風俗民情也極大的豐富了吳城的本土文化。坐落於繁華地段豆豉街中部的徽州會館，每遇朱熹生日或午節之時，該會館均要張燈結綵，錦繡的桌幃及椅子排列整齊，大殿正中神龕上的朱熹神像前擺滿了燃著的大小香燭，照得屋內燈火通明，香煙嫋繞。福建會館供有天后娘娘的神位，山西會館供有關羽神像，每逢這些神過生日，同鄉人聚集到會館中大祭和會宴數天，請外地戲班唱幾天大戲（館內建有戲臺），幾天幾夜燈火不息，鼓樂喧天，圍觀者眾多，熱鬧非凡。飲食文化方面，廣東會館的狗肉，福建會館的海菜也很有名氣。各地會館到民國初年仍保存完好，至一九三九年三月，日寇入侵，日軍的一把大火燒了七晝夜，街區百分之七十房屋化為一片瓦礫。大多數會館也淪為廢墟。現僅存吉安會館、武寧會館二處。

吳城鎮的望湖亭享有盛名。現存的望湖亭是一九八八年重修。望湖亭坐落在吳城鎮的最東面制高點，鄱陽湖之濱。為廣殿

式木結構，亭高數丈，倚江而立，高峨雄偉。登上望湖亭，鄱陽湖的沿江美景可一覽無餘，還可以看到修水和贛江交會處的壯麗景觀，讓人心曠神怡、留戀忘返。自古就有許多巨匠名臣到此，王勃，文天祥，蘇軾，謝縉等都曾涉足於此，留有許多古跡遺址以及傳說故事。一九二六年，由吳城商會籌款，楊樹山、金真飛等人主辦，周春茂承建，將原木架望湖亭拆除，重建鋼筋混凝土結構亭架，由於品質過得硬，一九三九年經受日寇侵略炮轟一周仍未倒架。所以在一九八八年重修時仍利用了原來一部分水泥柱架。如今重修後煥然一新的望湖亭屹立在鎮東北角，仍是吳城的一座標誌性建築。

吳城鎮是鄱陽湖候鳥保護區的中心，也是觀賞候鳥的最佳地方，每年冬天是這裡旅遊的黃金季節。附近汀渚棋布，有大汊湖、蚌湖、沙湖、大湖池、長湖池、中湖池、象湖、梅西湖、朱市湖環繞四周。夏季汛期汪洋一片，吳城好似一座孤島。每當「寒露霜降水推車，魚奔深潭客回家」時，水位降至海拔十二米以下，廣袤無邊的湖灘、草洲皆顯露出來，豐富的昆蟲、魚蝦、螺蚌，成為各種珍禽候鳥天然的餌料。

鄱陽湖保護區於一九八三年六月經江西省人民政府批准成立，原名為「江西鄱陽湖候鳥保護區」，一九八八年五月經國務院批准晉升為國家級自然保護區，更名為「江西鄱陽湖國家級自然保護區」，行政上隸屬於江西省林業廳。[29]

29 江西鄱陽湖國家級自然保護區官方網站，http://www.poyanglake.org/Introduction.aspx。

四、河口鎮

河口鎮是江西古代四大名鎮之一，與景德鎮、樟樹鎮、吳城鎮齊名。位於鉛山縣北信江岸邊（今鉛山縣治），為閩浙皖贛交通聯絡點，北宋時稱「沙灣市」。鉛山河在此與信江相匯，舟車四通，往南過分水嶺至崇安（今武夷山市）入福建，循信江上游往東經玉山入浙江，沿信江而下西向鄱陽湖，水陸交通方便，成為繁盛的物資集散地，聚散閩、粵、贛、徽、浙、鄂、川、蘇等地的貨物共計百餘種，而鉛山縣本地的豐富物產如紙張、茶葉，亦使河口市場有了雄厚的生產基地，從而刺激了河口鎮建設的加快。

明初河口只有二、三戶人家，而到嘉靖、萬曆時已是「舟車四出，貨鏹所興」的工商市鎮，可以說商品交換的擴大促進了「沙灣市」的繁榮。至清代乾隆年間，河口進入鼎盛時期，閩、贛、粵、浙、徽、蘇、鄂、川等貨集中於此，轉銷全國，成為商旅輻輳的「八省通衢」之地[30]。明清時期，河口鎮是銷售本地的紙、茶、銅、鐵等產品的重要市鎮，同時也是贛閩浙等地的商品集散地，與當時的蘇、杭、松江以及南洋、日本保持著密切的商業聯繫，所以有人將之與當時的九省通衢漢口相比，有「買不完的漢口，裝不完的河口」之說。

如今，這裡仍保留著舊時繁華的印跡和古樸的風貌。五裡長

---

30 南昌市旅遊局導遊人員考評委員會辦公室：《導遊綜合知識資料彙編》（內部資料），2004，第98頁。

的明清古街，層樓綿延，鱗次櫛比，古老而典雅；青石板路面的道道車轍，記錄下當年的繁盛；沿江碼頭的碑石字跡依稀可辨。河口保留至今的有如下景觀：

古鎮街巷　河口鎮素有「九弄十三街」之稱。從城東的古街入口處算起，全長約兩千五百多米。街道平均寬度約六米，街面多以長條青、麻石或鵝卵石鋪成。目前保存較為完好的街道約有一千五百米左右，基本上保留了古商業街的格局。

明清商號店鋪和民居樣式　河口古街起始于明初，盛於明代中期，在清代乾隆年間基本定型。沿街約有店鋪和手工作坊五百多家，包括茶行、藥鋪、銀樓等古街建築多為磚木結構，房屋之間以梯形山牆（封火牆）分隔。每座店房均有多進，進深幽長，有的深達幾十米。一進為門市鋪面或作坊，二進以內及樓面為居室、棧房等。鋪面、窗臺、樓廊和店內各間的隔扇等大多飾以精美的磚石雕、木雕和彩畫，有很高的藝術欣賞價值。現在古街的舊商號店鋪約有三百餘家，明清商號店鋪的外觀和內部結構也保持了原有的面貌，並且不同年代的建築物特色鮮明。建于1881年的「金利合」藥鋪，是一座保存完好的典型的具有近代風格的店鋪。古鎮民居建築，多為富商所建，屬於「井邑之宅」，這種建築一般裝飾華麗，佈局自由，沒有繁縟的排場所需的形式和拘謹的局面。薈萃了江南明清建築的藝術特點，也體現了我國建築文化獨特的裝飾方法和佈局方式。

碼埠（碼頭）　明清時期，河口的商品運輸主要依靠水運，當時碼埠上的貨物日輸送量達數百噸之多。大碼埠多以巨大的青石或麻石砌築，有半圓形、長方形或梯形之別。建於明代，清代

擴建的官埠頭是當時的官船停泊處，碼埠邊上還立有乾隆年間的青石禁碑。

水道　河口城中有惠濟渠，相傳為明朝宰相費宏所修。惠濟渠從獅江引水，貫通全城，方便居民用水。整個引水系統設計科學，饒有趣味。

第三節 ▶ 中國歷史文化名村（鎮）

一、流坑村

流坑村，現為江西省撫州市樂安縣牛田鎮所轄，地處江西中部、撫州西南部，贛江支流的烏江上游，距撫州市區一三六公里，樂安縣城三十八公里。村莊方圓三點六一平方公里，坐落在一塊美麗開闊的河谷地上，四面群山拱挹，秀峰疊翠。[31]

流坑董氏的家世淵源，可以上溯到西漢著名的大儒、廣川人董仲舒。至今，流坑董氏仍自稱廣川董氏。而按照流坑董氏族譜中最為通行的記述，其家族淵源應肇始於唐德宗宰相董晉之孫董清然，唐朝末年，「值李氏亂，避居臨川之擴源」，由此安家江南。「（唐末）五季之亂，士大夫皆保歙（安徽歙縣）之黃墩。

---

31 黃更昌編著《探古覽勝話流坑》，南昌：江西人民出版社，2002，第 1 頁。

亂定稍出，散其旁數百里間，……董氏其一也。」[32]德興的董氏，也是董清然之後，因此，可考流坑董氏祖先曾居皖南，其後輾轉遷移到了江西，更早的歷史，則難以考證。

董清然遷移宜黃縣擴源村，到五代南唐時期，其孫輩已是一個繁榮的大家族，董氏全、含、合三兄弟開始分蘗析居。董全遷徙鄱陽海口，因其地後屬德興，所以，董全一系被稱為德興海口派。董含留居宜黃，其後即為宜黃北源派。

而董合一家於五代南唐升元年間（937-943）西來流坑，這裡當時尚屬吉州廬陵縣，後改屬永豐縣雲蓋鄉，南宋紹興十九年（1149），割崇仁天授、樂安、忠義三鄉及永豐雲蓋鄉設樂安縣，隸撫州，自此，流坑便屬撫州樂安。所以，董合一系先叫廬陵派，以後又叫樂安流坑派。董合，便是流坑董氏的一世開基祖。

隋唐之前，流坑一帶悉為荒壤。當天下紛擾之際，青山綠水、別有天地的流坑，無疑是一方棲息耕居的理想之地。開拓之初，董合一家先在案山腳下烏江回轉角處的白泥塘駐留建宅，墾荒置田。在很短的時間裡，董合一族人丁迅速興旺起來。並成為當地有勢力、有影響的大戶人家。不久，因族內人丁繁衍漸盛，白泥塘一帶土地遂顯狹促，董氏又把烏江東岸三面環水的白茅洲開闢出來，闔家遷往耕居。後來，在堪輿大師楊筠松的指導下，董氏家族再將家業從白茅洲遷到烏江西岸一片名叫中洲的高地，

---

32 引自江西德興出土（1984年）的南宋初年董鴻墓誌銘。

即現在的流坑村所在地，由此擘劃出一個日後彪炳歷史的「千古第一村」——流坑。

自此，流坑一帶已被董氏營造成類似王安石筆下「平岸小橋千嶂抱，柔藍一水縈花草。塵不到，時時自有春風掃」的世外桃源。

可以想像，在當時中原土族紛紛遷徙江南的時代大背景下，如此這般擇山水形勝之地以興家旺族的事例應不在少數，只是，像流坑董氏遽然興旺發達，在宋代一舉成為科甲聯中、仕宦眾盛而稱雄於江右的巨家大族的範例卻寥寥可數，原因何在？

如果說，明朝萬曆年間董燧從精神到物質對董氏宗族與流坑村的重建，使流坑董氏「數千百人之精神，萃之一堂，聯之一心」，建築佈局擘劃惠澤後代迄於今日，流坑董氏第三代——董楨長子董文廣，則是流坑董氏成為「科舉昌盛、仕宦眾盛」的江右巨家大族的關鍵人物。對此，《登科題名錄》[33]有頗為中肯的記述——予伯祖文廣，始以通經為儒。不事章句，東遊金陵，值（南唐）李氏亂，乃歎曰：「是不足事，以汙吾祖。」棄而西歸。既而王師平江南，乃與吾祖議曰：「吾等老矣，不可複仕。幸而生見太，當有子弟以儒名家。」悉出金帛，多營書史，大啟黌舍，招延學徒，士自遠方多歸之。至祥符中吾父一舉中進士，鄉里以為榮。識者謂：「董氏當擾攘之時，以豪勇自奮庇捍鄉里；太平之時，復敦儒學，教育子弟，宜有其後以大厥族。」

---

33 北宋至和元年（1054），流坑董氏第四代傳人董儀撰。

功崇惟志，業廣惟勤，董文廣超拔於世的智識、善舉，讓此前僅是一鄉村庶族地主的流坑董氏大放異彩。

宋真宗大中祥符八年（1015 年），流坑董氏第四代董淳第一個中進士。宋仁宗景祐元年（1034 年），流坑董氏第四代董洙、董汀，第五代董儀、董師德、董師道五人同科進士，稱「五桂齊芳」，被士林傳為佳話，族人特建「五桂坊」以示慶賀、紀念。南宋文天祥《謝恩表》中有「花耀貼金，一門而五董」之句，即典出於此。宋欽宗靖康元年（1126 年），第七代董藻在以謀略取士的特設科中，名選第一，時稱武狀元。南宋高宗紹興十八年（1148 年），第八代董德元廷試第一，以有官列第二，恩例與大魁等，稱恩榜狀元。

宋代，是流坑歷史上最輝煌的時期之一。僅北宋一朝，流坑董氏就有進士十五名，特奏名者十名，解試舉人四十七名，另有以其它途徑獲取名位者三十多名。獲得官位者共六十餘人。南宋時期，董氏科舉入仕一直保持興盛景象，又有進士十一名，特奏名者十名，解試舉人二十一名，以其他途徑獲得名位者二十多人。其中獲得官位者四十多名。**34**

與此同時，科舉仕宦之興，還為董氏家族在經濟上帶來了莫大好處。兩宋官祿豐厚，又奉行「不抑兼併」的土地政策，因而隨著政治之榮顯，給流坑帶來的是經濟上的發達和村社建設的繁

---

34 黃更昌編著《探古覽勝話流坑》，南昌：江西人民出版社，2002，第 4 頁。

榮。

如南宋董定得在咸淳七年（西元 1271 年）中進士後，官吉州司法，以官祿豐厚，在短短數年間便「家雄於貲，田連村陌，山林川陸，跨有鄰疆」。由此一例，餘可概覽。可見，從宋代開始，流坑董氏就開始了以田產助科宦，以科宦擴田產、固宗族的生存模式。這些為後來流坑董氏家族長盛不衰確立了重要的根基。

而現今仍矗立在村西口的南宋為紀念狀元董德元而建造的「狀元樓」、村中的「五桂坊」遺址以及人們常傳為佳話的桂林書院、西山書院等告訴人們，宋代的流坑村已經是一個具有相當規模和建有許多紀念性文化建築的大村落。

元代，流坑經歷了近百年的動盪和劫難。元軍兵下臨安（今杭州），流坑董氏匯入了文天祥領導的抗元大軍，保衛鄉梓。及兵敗，「鄉以勤王故，遭兵禍稍酷」，流坑為元軍鐵騎踐踏殺掠，摧毀殆盡。隨後十餘年間，又是「山寇劫掠，出沒不時，流坑適當衝要，鄉無寧居」，族人流徙他鄉。及後，更慘遭「丙申之難」，為本縣夏普所率武裝圍攻破村，董氏少壯「奔迸四出，老弱斃於兵刃者不勝計」。此後，董氏族人再一次散亡四方，流離顛沛，流坑村也成為一片丘墟。

有元一代，董氏科宦甚稀。值得一提的是，動亂使董氏族中精英特別重視宗族制度的建設，至元順帝癸酉年（1333），族人繼南宋始修族譜之後又二修族譜，至正年間（1341-1367 年）又議建宗祠。到元末，流坑又重新昌盛起來。

一三六五年，朱元璋平定江西之後，董姓陸續返回故園流

坑，「芟荊掃礫，復有其居」；「不數年，弦歌而居」。就這樣，董氏家族隨著明初社會逐漸安定而修養生息，並很快重新繁衍昌盛起來。

宋時，流坑董氏家族中董幀一系獨秀，文廣、文肇、文晁和文享四大支，族稱明法、屯田、校書、道者四大派，經宋末元代的歷次兵匪襲蕩，到明朝初年惟存屯田、校書二支。此後，屯田派一枝獨秀，漸漸衍生出七房，與文晁一支合而為八。直到現在，仍然一如其初。所以，明代以來的流坑，已是一個規模甚大的單親宗族聚集而居的村落。

進入明代，以書香仕宦名世的流坑董氏復開登科之例，仕者漸盛。成化二十年（1484 年），第二十代董時望再中進士，後官至御史，在族中傳譽甚高。第十六代董琰，字子莊，曾任茂名知縣，後遷翰林院編修，與修《永樂大典》，又為南京國子監司業，趙王府長史，且著作頗豐，文才時望，在流坑稱得上一流的人物，村人建翰林樓紀念。當然，此時流坑的科舉仕宦與宋代相比相差甚遠，呈下降趨勢，但著書立說者很多，仍不失為江右「文獻世家」。

到明代中後期，董氏族人受長江中下游商品貿易的影響，利用烏江之便利，進行竹木貿易，使流坑村有了新的發展。

與此同時，在族內一批精英的不斷努力下，流坑董氏的宗族組織和社區建設得到了很大發展，進入它的全盛時期。從明初到萬曆年間，董氏族人三次撰修族譜，三次修建大宗祠，採取強化族領、制訂族規、增置族產等許多措施以凝聚族眾，並且推崇心學，重視教育，激勵族中子弟發奮讀書、光宗耀祖。反映在村社

建設上，出現了「三多」，即祠堂多、書院多、紀念性文化建築多。

據族譜記載，萬曆年間流坑村內建有祠堂二十六座，書院二十六所，各種紀念性文化建築三十多座。明代中葉，第二十二代董燦對流坑村進行了重新規劃和建設。他在宋元村落建設的基礎上，於村西側拓展了南北方向、綿延如龍的龍湖，將村子分成東西兩大部分，且使東部村落主體部分形成了四面環水之勢。又在村落主體部分按七橫（東西）一縱（南北）辟出八巷，沿巷營建房宅，形成規整有序的村落佈局，使流坑這個人眾繁庶的村落很像一座城地，也像一方都會。明代旅行家徐霞客遊歷流坑時曾贊：「其處闤闠縱橫，是為萬家之市，而董氏為巨姓，有五桂坊焉。」[35]這不僅給流坑厚重的人文積澱留下了又一掌故，而且給我們留下了對當時流坑村村景的寶貴描述。

清代初期，流坑社會發生了重要變化。一方面，董氏的科舉功名已是江河日下，大為衰落。另一方面，族人在明末開始竹木商運的基礎上，大力發展商品經濟，特別是發達的竹木貿易。他們從烏江上游的金竹、招攜等地，販運竹木到贛江沿岸的樟樹、南昌，以及長江下游的南京、揚州、常州，從而使流坑的社會經濟在清朝前期步入黃金時代。

竹木貿易的發展，不僅使董氏擺脫了明代後期經濟上的困

---

35 （明）徐弘祖：《徐霞客遊記》，上海：上海古籍出版社，2007，147頁。

境，而且在族內新生了一個人數很多的處於中心地位的商人群體。這些商人在發家致富之後，紛紛通過捐納的途徑，擠入士紳、官僚階層，又以巨額的財富積累，積極從事宗族和社區建設，如擴大族產、修建祠堂、編刻族譜、立學助教、修橋鋪路等舉措，使流坑又一次繁榮興盛。儘管屢受戰亂影響，但村落建設在清代前期和中期仍然得到進一步的發展。道光年間，村中祠堂增至八十三座，書院、學館增至二十八所，今天村中尚存這一時期的大量的古建築和文物。

回顧流坑村一千餘年的歷史，在前五百年，走的是亦耕亦讀的道路；在後五百年走的是既亦耕亦讀，又亦工亦商的道路。自給自足的小農經濟的堅韌性和由宗法制度所鞏固、強化的血緣關係，以及儒家理學的傳統思想，是他能夠千年不散、長期繁榮昌盛的關鍵。在董氏家族世世代代堅持不懈的努力經營下，使流坑科舉之盛、仕宦之眾、爵位之崇、經商之富、建築之全、藝術之美、家族之大、延續之久，在吉、撫兩州，以至江西全省，都是獨一無二的，在全國也是罕見的，可以說是江西古代文明的代表，中國古代農村文明的典型。在這樣的窮鄉僻壤之中，在不發達的中世紀的生產方式之下，居然能創造如此豐富的物質文明和燦爛的精神文明，這是歷史的奇跡，人類的驕傲[36]。

一八四〇年鴉片戰爭以後，國運衰，流坑隨之衰。第二次國內革命戰爭時期，樂安是紅色革命根據地，流坑村當時是根據地

36 王健、丁武軍：《江西歷史文化旅遊資源開發 —— 理論與實踐》，北京：人民日報出版社，2007，第108頁。

的一部分。中華人民共和國成立後，流坑的歷史掀開了新的一頁，從一九九○年秋開始，國家有關部門開始對流坑村歷史文化和傳統建築的研究、宣傳、保護、利用。二○○一年六月，流坑村古建築群公佈為第五批全國重點文物保護單位。二○○三年十月，流坑村被評為首批中國歷史文化名村[37]。

二、渼陂村

渼陂古村被譽為「廬陵文化第一村」，是全國第二批歷史文化名村[38]。它以厚重的歷史、古典的明清建築群、璀璨的明清雕刻藝術及可敬可頌的紅色文化，受到世人的矚目。渼陂村位於吉安市青原區文陂鄉，已有近千年的歷史。這裡匯發達的古代商業文明以及紅色文化於一體。規模宏大的明清建築，鱗次櫛比；數不清的石刻、木刻、彩繪、楹聯、牌匾、雕屏，無不隱含了廬陵人非凡的智慧和生活趣味，折射出精深博大的廬陵文化的熠熠風采，更記錄著這塊紅土地的滄桑歲月。這裡留下了毛澤東、朱德、曾山等革命家的足跡。紅四軍舊址、江西省蘇維埃總工會舊址和毛澤東等人的舊居，給古老建築注入了全新的內涵。共和國名將梁興初、梁必業、梁仁芥將軍，革命烈士梁一清，都是渼陂村人。

---

37 中國網，http://www.china.com.cn/aboutchina/data/mzmc/node_7005658.htm。

38 中國網，http://www.china.com.cn/aboutchina/data/mzmc/node_7005658.htm。

渼陂古村山抱水環，天然形勝。村莊有六〇〇戶，二八〇〇餘人。村民全為梁姓，由南宋初年梁氏先祖在此開基，從基祖紳公至今歷傳了三十三代。渼陂村地處盧吉泰交匯點，水運方便，人口稠密。元末明初，渼陂街隨著發展的需要，分節段不斷延伸；至明朝宣德年間，街市日趨完善，店鋪鱗次櫛比；至清光緒年間，渼陂街處於鼎盛時期，不僅有一百多家店鋪，還建有規模宏大的建築群，形成了以梁顯哲、梁顯召、梁顯豪、梁顯吟四兄弟為首的四大商業巨頭。

　　全村現有保存完好的明清建築三六七棟，其中祠堂七座，書院五座，牌坊三座。村莊佈局錯落有致，八卦巷道，卵石路面，村內二十八口水塘環繞，取二十八星宿之意。所有古建築的門楣、藻井、窗欞、門柱、影壁、山牆，或為書畫，或為雕刻，內容不同，風格各異，反映出不同的時代風貌和不同主人的理想情趣。其中總祠永慕堂，占地一千多平方米，翹角飛簷，鏤花斗拱，紅石簷柱，石柱四面皆鏤刻著嵌有「永慕」二字的二十餘副長聯，是楹聯、書法、石刻、建築藝術於一體的民間藝術博物館。由於渼陂有宏大的建築群、濃郁的文化風情，吸引了眾多導演的目光，《山重水複》《閃閃的紅星》《井岡山》等電影的很多鏡頭都在該村錄製。

　　整個村莊佈局錯落有致，沒有筆直的小巷，來到古街，站在街頭望不到街尾，這條古街呈 S 型，像流水那般柔美地微彎過去再折過來。其中蘊含曲徑通幽的奧秘：太直，冬天的寒風、夏天的洪水來時暢通無阻，弊多利少。據說古街鼎盛時期多達二〇〇多個店鋪，街中人流穿梭，四方商賈雲集，繁榮熱鬧。

　　萬壽宮位於陂頭街中段西側，背村面河，占地二四○多平方米。萬壽宮過去是有錢人花天酒地的地方。每當夜幕降臨，街上燈火通明，常有戲班演出。前院兩側拱門上的「天不夜」和「月常明」字匾是當時渼陂街興旺繁華的生動寫照。如今，殘牆上一道道縱橫交錯的裂縫有如時間老人額頭的皺紋，向人們展示歲月的滄桑。

　　在求志堂內的天花板上，有兩幅大型圖畫：《百少圖》和《百老圖》。一○○名少年和一○○名老人，或站或行或坐或臥，或張口吶喊或拈鬚沉思，栩栩如生，呼之欲出。這些文化遺跡，無不閃爍前人智慧的光芒。甚至有人說，《百少圖》是一幅可與《清明上河圖》相媲美的絕世佳作。

　　渼陂村的牌坊也頗有特色。除牌樓式門的古槐第牌坊、牌坊式照壁──「多留餘地」坊外，另有兩處貞節牌坊。這兩處牌坊為一對母女的貞節坊。母親名喚菊，生下女兒不久丈夫死去，含辛茹苦把女兒撫養成人，並許配給鄰村一小夥為妻。但女兒尚未過門，未婚夫就死了。從此，母女都未再嫁。老死家中。時人為褒獎母女特設大小貞節坊兩座，兩坊之後，均建有節孝祠。所殘存者為女兒坊，由於是未嫁而寡，故牌坊明次間均填以磚牆而不開門，僅在明間現拱門形狀。坊頂設有「冰清玉潔」字樣。

　　在「翰林第」附近有兩棵「連理樟」，「連理樟」也叫「夫妻樹」，已有六○○年以上的歷史。村裡有二十八口水塘，口口相通，錯落有致地排出八卦圖形，象徵天上的二十八星宿護衛這個美麗的村子。

　　渼陂村有著獨具一格的考古、旅遊等價值。首先，村落保存

完整。鵝卵石道路、清石板街巷、橋樑基本保存了明代縱橫相通的格局，保存清代的銅香爐、鏤雕牙轎、壽匾、香桌、靈牌、太師椅、象牙床等藝術價值高的文物。其次，類型獨特。渼陂是封建儒商文化的代表。以儒行商、以商助儒、商儒合一。一方面他們尊師重教，修建養源、明新、敬德、振翰等書院、學舍；一方面用儒家傳統的格言、警句、對聯裝飾住宅，教育後人。一直保持「村鎮合一、村市合一」的歷史格局。「古色」與「紅色」相得益彰。再次，旅遊價值高。有古代農業文化、儒商文化、宗族文化、建築文化，又有近代革命文化，內涵十分豐富，在我國當今歷史古村中，具有顯著的代表性和典型性。

三、瑤里鎮

瑤里，古名窯里，因是景德鎮陶瓷發祥地而得名，遠在唐代中葉，這裡就有生產陶瓷的手工作坊。瑤里位於舉世聞名的瓷都東北端，地處三大世界文化遺產（黃山、盧山、西遞和宏村）的中心，素有「瓷之源，茶之鄉，林之海」的美稱，是國家重點風景名勝區、國家歷史文化名鎮、國家 AAAA 級風景區、國家礦山公園、國家森林公園、國家重點文物保護單位、國家自然與文化雙遺產。目前規劃面積一九五平方公里。景區四季氣候宜人，森林茂密，覆蓋率達百分之九十四以上。區內有南方紅豆杉、銀杏樹、香榧樹、金錢豹、娃娃魚等國家珍稀動植物一八〇多種。境內最高峰五華山海拔一六一八點四米，是景德鎮昌江的東河源頭。

瑤里境內山高林密，盛產制瓷原料——高嶺土，雖經數百年

採掘，至今仍蘊藏豐富。其境內高嶺村是古代景德鎮制瓷原料的產地。十八世紀初，法國傳教士昂雷科萊到景德鎮考察瓷器製作工藝，將採集的高嶺土樣本寄回國內由科學家分析研究。一八六八年，德國地質學家李希霍芬親自來到高嶺一帶探勘，並在其後出版的《中國》第三卷中以「高嶺」的拉丁文譯名 Kaolin 命名此土，從此高嶺之名傳播國外，成為國際黏土礦物學通用術語——高嶺土的命名地。

　　宋元之際，由於高嶺土使用價值的發現，導致了景德鎮瓷業「二元配方」制胎法的產生，使景德鎮瓷器由低火度的軟質瓷轉變為高火度的硬質瓷，極大地提高了景德鎮瓷器的品質，開創了景德鎮瓷業的新紀元，從而確立了景德鎮瓷都的地位，鑄就了瓷業的輝煌。高嶺孕育了瓷都，瓷都把高嶺推向了世界。高嶺引起了世界陶瓷界的關注，許多專家學者接踵而至，他們追蹤溯源，尋幽探秘，著書立說，讓世人對高嶺多了一份瞭解。

　　瑤里制瓷業歷史悠久，可上溯至唐朝中葉。瑤河貫穿全境，水運便利，加之徽州古道穿境而過，水陸運輸齊備。此外，境內黃山松、金錢松遍佈，是上等的窯柴。因而在不同的歷史時期有著頗具規模的瓷業生產，宋、元、明時期達到頂峰，是景德鎮古代三大窯區之一，形成千餘年的制瓷歷史。瑤里境內先後設置過眾多窯場，至今留有大量的窯業遺存物，其中繞南栗樹灘堆積物是目前世界上發現的最具代表性的斷面特徵的遺址，燒制年代約在唐代中期至明代中晚期之間。瑤里瓷業當時以生產陶瓷原料為主，加工民用日用瓷為輔，其中得爾壩瓷石及其加工而成的釉果是景德鎮主要的陶瓷原料，民間流傳有「高嶺土、瑤里釉」的諺

語。此外，這裡還專為明太祖朱元璋建造皇宮燒制過瓷瓦，開創了景德鎮瓷業為皇家生產建築用瓷的先河。

　　繞南陶瓷主題園區按照以舊修舊的原則複建了釉果手工作坊、陶瓷手工作坊、龍窯遺址、水碓小世界等陶瓷文化遺址，讓人們可覓遠古瓷韻，感悟這裡厚重的歷史文化沉澱和古代勞動人民質樸的生活。

　　瑤里物華天寶，人才輩出，是西漢長沙王吳芮、南宋開國侯李椿年、清朝工部員外郎吳從至等歷史名人的故里和鄰里。開國元帥陳毅曾在此工作和生活過，並領導了新四軍改編。這片古老而又神奇的地方，既有深厚的文化積澱，又是人們享受大自然的綠色仙境。她集自然與人文為一體，融歷史與民俗為一身，是旅遊休閒、訪古修學、尋幽探奇的絕佳之地。

四、理坑村

　　理坑位於婺源縣城五十六公里的沱川鄉，距離縣城五十六公里。理坑，原名理源，由位於沱水源頭三小溪之一的理源溪畔而得名，取「理學淵源」之意。又因當地「溪」亦稱「坑」，故俗稱「理坑」。村落四周重巒疊嶂，東、西、北三面皆被千米以上的山峰所圍。理坑村因水得名，理源溪水發源於龝閣峰，溪水自東北流向西南，宛如腰帶順勢繞經村南面，正合當地諺語「沿溪生息，生生不息；東水西流，吃穿不愁」所表達的良好寓意。

　　理坑共有余、程、胡、汪、朱五姓人家居住，其中余姓佔據全村人口的百分之九十以上。理坑建村於北宋末年，距今已有八〇〇多年歷史。理坑始祖為北宋末年進士余道潛，據光緒《沱川

余氏宗譜・卷一》記載：「東窗公久居桐城，以宋進士官於浙，多德政，宣和二年解組遊婺源，愛沱川山水之勝，遂家焉，是為沱川始遷之祖。」另據《婺源縣誌》：「余道潛，字希隱，宋雍熙進士智孫，舒城宰永錫子。登宋政和八年（西元 1118 年）進士，任桐廬主簿。博及群書，精於天文、地理。為政嚴明，民甚德之。時朱勔采奇石異卉以供貢獻，將次桐廬，道潛曰：『吾豈剝民以媚權貴，若不去，終必有禍。』遂挈妻子之婺源沱川（篁村）。未逾年，方臘果起兵，以訴勔為名，浙東西遂大亂，人始服公之先見。」據光緒《沱川余氏宗譜》記載，余道潛從桐廬來到婺源路過沱川篁村，見其山清水秀、藏風聚氣，認為是個適合居住的風水寶地，於是在路旁倒插一棵羅漢松，如能成活，則來年遷此定居。余道潛第二年再來，倒插的羅漢松果真成活，於是舉家在此定居。現在這棵罕見的千年羅漢松依然聳立在篁村村口。此後沱川人口繁衍，派生出若干分支，徙居臨近建立鄣村、燕山、理源、東坑等居民點，東西相望五里，對外統稱為「沱川余氏」。沱川余氏傳至第十世余景陽遷至理源（理坑），是為理坑始祖。余景陽遷居理坑時間約在明朝洪武初期，距今六○○多年。

　　幾百年來，這偏僻山村先後出過尚書余懋衡，大理寺正卿余啟元，司馬余維樞，知府余自怡等七品以上官宦三十六人，進士十六人，文人學士九十二人，著作達三三三部五八二卷之多，其中五部七十八卷被列入《四庫全書》，可見理坑昔日的輝煌。自古即稱：「沱山青峰托藍天天不倒，川水綠滋潤大地地更肥」。

　　理坑村口有橋亭，跨河而立，上書「山中鄒魯」，「理學淵

源」。村口雙橋，上游「天心橋」，形似元寶，示意村人富足安康；其下游「百子橋」，形似朝笏，寓意權貴仕宦之村。官宅大門多為石庫門枋，水磨青磚打造。門樓飛簷，重疊五層，門側嵌一方形石柱，有中流砥柱、國家棟樑之意。理坑的明清官邸數量之多，款式之精，國內少見，是「中國明清官邸、民宅最集中的典型古建築村落」[39]。至今仍保存完好的古建築有明代萬曆年間戶部右侍郎、工部尚書余懋學的「尚書第」，天啟年間吏部尚書余懋衡的「天官上卿」府第，崇禎年間廣州知府余自怡的「官廳」；清代順治年間兵部主事余維樞的「司馬第」，清代道光年間茶商余顯輝的「詒裕堂」；還有花園式的「雲溪別墅」，園林式建築「花廳」，頗具傳奇色彩的「金家井」等。其中「天官上卿」府第大門北向，牌樓式石庫門枋，水磨青磚雕飾，門樓額枋刻「天官上卿」四字。前中後三堂，正堂三間二廂，出面方柱，素面石礎，梁枋、雀替雕飾，格扇門窗，半淺天井，上堂青磚鋪地。「司馬第」坐西朝東，三樓，石庫門，水磨青磚門樓，簷下靈芝磚拱四個，額坊刻「司馬第」三字，飾有卷雲。府邸三間兩進，正堂三間兩廂，半淺天井，出面方柱，素面石礎，上堂橫樑三根。兩端雕刻月牙，雀替深雕靈芝紋，月梁上有雕飾。兩廂拱枋中雕戲劇人物，旁飾花卉。右廂通往軒廊卷棚，下有雕獅拱撐二對，梁枋上有雕刻。正房格子窗，雕工精緻。

39 王健、丁武軍：《江西歷史文化旅遊資源開發——理論與實踐》，北京：人民日報出版社，2007，第 93 頁。

這些古建築粉牆黛瓦、飛簷翹角,「三雕」工藝精湛,圖案寓意雋永,極具審美價值;其佈局科學、合理、生態環境良好,為古代民居建築藝術的博覽園。

五、上清鎮

上清鎮位於江西省鷹潭市西南部,距國家級風景名勝區龍虎山十六公里,東至塘灣鎮、耳口鄉,西連龍虎山鎮,南北鄰上清林場,西南接金溪縣。全鎮國土總面積五十一平方公里,鎮區面積五十一公頃。全鎮地勢由東南向西北傾斜,東面多山,西北為丘陵谷地,集鎮中部地勢較為平坦。鎮內瀘溪河自鎮東面向西北流過整個鎮區,在歷史上曾是福建商賈重要的水路,由於河床變淺已失去了往日的功用,卻成為當地旅遊的一個亮點。

上清鎮的街道弄巷至今依然保留著古代建築的格局,尤其是沿瀘溪河畔的十多個碼頭,寬厚堅實的麻石砌成的臺階,被一代代人的腳力踩得溜光,昭示著上清鎮悠久而古老的歷史。上清鎮歷經千年,地名也曾幾易。唐、五代時,這裡叫雄石鎮。南宋教育家、哲學家陸九淵在應天精舍講學時,曾為雄石鎮石貼撰寫過跋。近兩裡長的街道叫沂陽市,因唐末倪亞曾在雄石鎮任過鎮遏使而得名。宋元時期稱上清鎮,明初稱沂陽市,明末又改稱上清鎮。

古色古香的上清鎮,有歷代遺留下來的眾多古民居,以明清為主的民居群,高高的馬頭牆,別致的門第,鵝石古道,通光天井,石雕窗花,古韻依舊,使人感受到古建築工藝的高超。沿瀘溪河近兩裡長的民居形成了江南建築的特色——吊腳樓。這種建

築是木柱豎在河旁之上，上為廳堂、住房，下為廚房。晚上睡在樓上，望窗外明月，聽潺潺河水，確實富有「蘇州人家盡枕河」的詩情畫意。白天憑欄遠眺，群峰連綿，村舍相望，山嶺涼亭、車馬行人盡收眼底。上清鎮的主要景點：

1、嗣漢天師府　天師府是歷代天師生活起居之所和祀神之處，由第三十代天師張繼先始建，因元世祖忽必烈封第三十六代天師張宗演為「嗣漢天師」，因此又名「嗣漢天師府」。府門上一對抱柱楹聯「麒麟殿上神仙客，龍虎山中宰相家」，原為明代尚書、大畫家、大書法家董其昌手筆。天師府現存木構建築均是在明清時期建造的基礎上修復的。天師府依山傍水，規模宏大，環境清幽，是我國罕見的道教領袖私第園林，與山東孔府一起稱為我國現存封建社會「兩大府第」，有「南張北孔」之說。天師府由府門、大堂、後堂、私第、書屋、花園、萬法宗壇等組成，在佈局和風格上保持了道教正一派神道合居的鮮明特色，是私第園林和道教建築緊密結合的典範，被譽為「南國無雙地，西江第一家」[40]。

2、上清宮　該宮始建於東漢，原為張道陵修道之所，名曰天師草堂。漢末，第四代天師張盛自漢中遷還龍虎山。改天師草堂為傳籙壇。唐會昌年間（841-846年），改名為零點仙觀。宋大中祥符五年（1012年），敕改上清觀。正和三年（1118年），名為上清正一宮，簡稱上清宮。上清宮是歷代天師供奉神仙之

---

40 黃細嘉，龔志強：《新編江西導遊基礎知識》，南昌：江西人民出版社，2007，第218頁。

所，故有「仙靈都會」、「百神受職之所」的稱謂。上清宮始建於東漢，原為張道陵修道之所，時名「天師草堂」，以後各代名字幾經更迭，清康熙皇帝曾御書「大上清宮」。大上清宮是我國歷史上規模最宏偉、歷史最悠久的道宮之一，鼎盛時期有十大道宮、八十一座道觀、二十四殿、三十六院及其他建築，以三清殿和玉皇殿為中心，分八門四方。上清宮內歷代名家題刻很多，最為珍貴的是元代書法家趙孟頫手書的二十五通碑刻，其中《敕賜太宗師張公碑》就有字二六四一個。近代以來，大上清宮遭到的破壞較為嚴重，建築遺存不多。二○○○年，龍虎山風景名勝區管委會開始對大上清宮進行重建，主要建築有：福地門、下馬亭、午朝門、鐘鼓樓、東隱院和伏魔殿等，初步恢復了宋代大上清宮鼎盛時期的建築風貌。

3、正一觀　正一觀位於鷹潭市龍虎山仙水岩遊覽區的東南方。東漢中葉，張道陵率弟子來此開基煉丹。後來，第四代天師張盛從漢中攜祖天師印劍符籙遷回龍虎山，為祭祀祖天師而興建起「祖天師廟」。每逢三元節，登壇傳籙，各地學道者紛至遝來，形成了「晝夜長明羽人國」的繁華景象。桑海滄田，「祖天師廟」幾經修葺，名稱也多次更改，明嘉靖時改為正一觀，其名延用至今。現在的正一觀，是在原址按宋代建築風格重建，並吸收了明、清時的一些合理建制和藝術特點，整個建築灰瓦白牆，古樸典雅，氣勢雄偉，仙骨傲然。

六、賈家村

賈家村位於高安市佘山，二○○七年獲得中國歷史文化名村

稱號。據《佘山賈氏宗譜》記載，高安賈氏始祖賈湖宋開寶年間（西元 946 年）中進士，後調任筠州刺史，致仕後，與長子賈九四定居高安坪湖。賈湖十七世孫賈季良，於明洪武初年娶南家村南氏之女為妻，路經佘山勝地，視其佳山勝水、良田沃野，遂定居佘山，距今已有六四一年的歷史[41]。自賈家始祖定居佘山以來，此地就有六姓人家在此聚居，分別為賈、李、王、付、羅、蘭。雖然免不了有一些姓氏遷移，但賈家一直都是官宦、經商旺族，人丁興旺。早在明清兩代，通過科舉考試，全村中秀才以上的有一二〇餘人，其中進士八人，舉人九人，最高者至刑部尚書、吏部尚書。轉眼數百年過去，舊時繁盛已成往事，遺留下來的只有一座因官宦而興旺的古村建築，和一千件保存完整的民俗文物的精妙。

賈家古村依山傍水，坐北朝南，登高俯瞰，屋宇連片，良田萬頃，阡陌縱橫，景色秀麗。村內古巷道縱橫交錯，路面皆用青磚、麻石鋪設，深深的車轍印痕是賈家村滄桑歷史的見證。古村排水系統科學合理，沿用至今，村內散佈著十二口水塘，用以調蓄雨水、吞吐淤泥。古建築歷史悠久，外觀為封火牆，內為木質構架，分穿斗式、抬梁式。庵、堂、祠、寺、觀、書院遍佈於古村內外，抬轎、神龕、匾額、古陶瓷、木質傢俱等文物眾多，七級玉塔矗立於古村前的田野上。

---

41 南昌大學旅遊規劃與研究中心：《高安市賈家村旅遊業總體規劃》（2009-2020），2009，第 1 頁。

古村周邊植被覆蓋率較高，有眾多古樹名木，均枝繁葉茂，蒼勁挺拔。村前不遠處有穩泉、蘆泉兩水交匯，匯成小河行四公里後注入肖江。後龍山、三臺山重巒疊嶂達十四公里直至鈞嶺山，村北部東有蘆泉湖，西有珠山水庫，水庫幹渠從北到南環村而繞。整個村落剛好建於「凹」形處，恰似金盆落地，明洪武年間賈季良來此開基時即認為該地四水歸內，財氣，風水有進無出。這裡土地肥沃，水旱無憂，的確是一塊「風水寶地」。

賈家村分為「關內」和「關外」，以八個關門區分，如遇緊急情況，村民封鎖關門，外人則很難進入村子，通過賈家村先民的設計理念來看，整個村莊設計佈局重安全、保恬靜。在賈家，書院眾多，雖然年代久遠，但仍有四座書院保存較好：明月軒書院、皖月軒書院、鶴鹿書院、文昌書院，只是擺設已經不復原先模樣，只有從結構上，能感受到書院氛圍。

在賈家，四號古民居「怡愛堂」年歲最久。這個後來產生了許多官宦的村落，就是建於「怡愛堂」的主人賈季良之手。據說，明代賈家村始祖賈季良娶南家村（賈村西南 1 里處）南氏之女為妻，有一天路經佘山勝地，站在制高點，俯視整個地形，發現這裡良田沃野，周邊地形高，中間呈「凹」形，似「金盆」墮地，具有雄壯景色盡收眼底之氣勢，遂決定在此立家建村。賈氏村人對於賈季良故居尊崇有加。「怡愛堂」占地面積達到三〇〇多平方米，外觀上看為典型的明代建築。「怡愛堂」建築用料碩大，二穿枋做成月梁式，甬門旁邊放置神龕，神龕簡潔古樸，不僅體現出明式風格，還有元代建築的遺風。但「怡愛堂」之所以享有盛名，還另有原因。根據族譜記載，佘山始祖賈季良長子賈

信，曾在廣東廉州任知府，後至京城任刑部尚書、吏部尚書，清正廉潔，極受地方百姓愛戴，傳頌至今。也就是說，在賈家村第二代，官宦顯貴就達到了一個巔峰，而此後幾百年，賈家村屢出達官貴人。

因為賈家村在外任官的人多，回來以後所建房子風格多變，甚至含有皇宮建築的元素。最有代表性的是賈氏宗祠。走過祠前巷，就可以看到這座四進式穿堂建築的祠堂，占地面積達到一八七二多平方米，分畫錦堂、拜亭、寢宮、觀音堂四部分，最為關鍵的是，雨亭、拜亭、寢宮、觀音堂都位於南北中軸線上，甚至是廊道、庭院和廂房沿中軸線對稱佈局。

祠堂建築中的皇家風格還不止於此。祠堂建有大型雨亭藻井，呈八卦造型，分為三層，在此天井被賦予了采天地之靈氣、聚肥水財氣於一家的傳統理念。二進院為拜亭，拜亭前為斧刃磚地面，鑲成八卦形圖案。三進院為寢宮，供奉祖先牌位，而這還要求具備一定成就者的牌位，才能被放進其中。四進院為觀音堂，前置太平缸一口。

祠堂雕刻固然反映了當時工匠的技藝，已臻爐火純青之境，更透露出一種資訊，賈家子孫在外仕宦發達，也將所見所聞帶回了故鄉。與一般古村的樸實無華相比，賈家非同一般的官宦建築讓這個村子多了一份雄壯威嚴。抗戰期間，著名上高大會戰前夕，國民黨軍長王耀武就居住在賈家村，在此醞釀上高大會戰的部署。王耀武是國民黨高級將領，抗日時任國軍勁旅第七十四軍中將軍長，平時為人謙遜隨和，戰時雷厲風行，是國民黨軍八年抗戰中最能打的虎將之一，一九四一年參加上高大會戰，因七十

四軍作戰有功，國民政府還特頒給七十四軍星形榮譽旗一面。

　　王耀武所住的地方就是賈家官廳賜福堂。官廳是迎接府、縣來往官員的驛站，也是政府機關。賜福堂無疑是賈家村中最典型的官廳建築，是在清早期建造起來的，面積達到七○○多平方米，天井處由青磚砌成福、祿、壽、喜圓形字樣，兩側為封火牆翹角建築，賜福堂裝飾為木雕、石雕，採用圓雕、鏤雕和高浮雕技法，賜福堂山牆均用條形麻石砌成，高一點五米，非常堅固，防盜性能良好，山牆和後牆上有石刻多處，紋飾有鹿、鳳、八卦、蝙蝠等。

　　時至今天，戰火硝煙已灰飛煙滅，卻為官廳在閒適安逸的氛圍中平添了一份英雄氣概。在崇順巷和玉塔巷交匯處，還有一座時間更早的官廳，為明晚期建立起來的泰順堂，占地面積比賜福堂要小很多，只有二六○多平方米。雖然年代過於久遠，依然可以看出特有的歷史建築風貌，可以讓人體會到雕刻纏枝花卉的意境。

　　除了官廳，在大街小巷星羅棋佈中，還有官道靜臥其中，官道就是古代專供達觀貴人行走的道路，而官道兩邊就是官廳。這條長七○米的官道路面很寬，達二點六米，都是用大石板鋪築而成，連官道右側佈滿青苔的水溝，至今仍然擔當著重要的排水功能。踏進這高牆古巷，深邃而森嚴的感覺翩然而至，縷縷懷古之情油然而生。

七、燕坊村

　　燕坊村，原名鄢家坊，位於吉水縣中北部，行政上隸屬金灘

鎮。古村落分佈呈條帶狀，南北長約二公里，東西寬約一公里，面積三平方公里。古村距贛江西岸三公里，與縣城所在地文峰鎮隔江相望，距吉安市僅十三公里，距贛粵高速公路十公里。燕坊古村始建於南宋中期，至今已有八〇〇多年的歷史，全村有一六〇餘戶，人口六〇〇多人，村落中有鄢、饒、王、劉、肖、郭、江、鄧八姓雜居，其中以鄢姓居多[42]，所以又稱作鄢家坊。燕坊村坐北朝南，有宗祠、學舍、民宅等明清建築一六〇餘處，整體結構分別為倒凹字型、日字型和口字型。村裡有糕餅店四家，書院兩座，茶坊三座，糟坊、藥店、肉案、雜貨店一應俱全。二〇〇七年，古村獲中國歷史文化名村的稱號。

據鄢氏族譜記載，古代燕坊人依贛水之便，常乘舟下長江至四川湖廣一帶經商，明末清初極盛時，有聞名於長江兩岸的鄢姓力誠商號、饒姓寶興裕商號，王姓王世太商號。燕坊人在外相互團結，甘苦與共，返鄉則大興土木，竭盡奢華；捐官捐爵，以彰顯門庭。他們請來各地的能工巧匠，建了許多美輪美奐的建築。

燕坊民居非常重視門楣，因為一座民居或一座宗祠的門楣是一家或一族人的臉面。有的門楣雕飾人物故事、花卉獸禽，有的依主人的情趣鏤刻書法對聯和橫披，橫披如「字水瀠洄」「三槐第」「青陽絢彩」「秀毓山川」「水繞山環」「水木清華」等，宛如一座古代門楣展覽館。牌坊也是宗族顯赫的見證，村子裡有一

42 中國吉安網，http://www.jgsdaily.com/12/96/html/20070811/20070811-094626.htm。

塊「建陽世家」的牌坊，為鄢姓先祖明初所建，其建築材料和門
頭都與其他牌坊有所不同，兩旁建有八根旗杆，分別插在旗杆石
之中，十分氣派，插一根旗杆意味著村中有一位有權勢顯赫的人
物，八根標誌著燕坊曾經人才輩出。

　　燕坊村大部分古居內並沒有設置天井，而是把天井推到外
面，成為天井院形式。這種民居既不屬於北方合院式風格，也不
是江南天井式類型，而是介於兩者之間的一個獨立體系。這些民
居都設有「天眼」，這樣既可以解決天井式民居潮濕的問題，也
能保證採光和通風，這種建築樣式屬於廬陵型民居，存在於吉安
一些地區，在全國都十分罕見。建築上的變通，說明的不僅僅是
燕坊商人見識之廣，而是體現經商之人一種靈活多變、不拘一格
的獨特個性，他們對建築的要求是既注重美觀，又必須實用。在
燕坊村目前存在的百餘棟民居裡，可分為單體建築和組群建築，
單體建築有大夫第、州司馬第等，組群建築有「二十棟大院」、
資政第、麟鳳院。它們一般在中軸線上設大門，進大門為大開間
廳堂，廳堂上部為寶壁，大門上方設藻井用來裝飾整棟建築。

　　燕坊村還有許多官宦府第，如司馬第、大夫第、資政第等。
因為清代有捐官制度，燕坊村人經商致富後，為了提高身份地
位，花重金捐得爵位；為了彰顯身份和光宗耀祖，主人就把「司
馬」、「大夫」、「資政」等爵位冠於府第。在「州司馬第」古宅，
三進三出，牌坊上畫有人物、花鳥圖案，大門上的漆面門神依然
清晰；古宅設有書房、大堂、側廳、後花園、下人廂房、馬廄、
轎房等，宅內寶壁、側屏都有精美的雕刻和繪畫，雕刻內容有人
物嬉戲、古代宴請、古人演藝、各式花鳥等，鋪有閃光金粉，至

今還給人新鮮的感覺。

　　相比明清時代其他著名的商幫，贛商以遵守儒家道德規範出名。在燕坊商人留下來的建築中，依然可以看到當年江右商幫的道德世界。在燕坊村民居的楹聯上，繼承了古代楹聯文化的優良傳統，豐富多彩，而楹聯最能體現主人的個性與愛好。這些楹聯有些刻在大門兩側的門柱上，也有一些民居內是寫在廳堂裡，用來弘揚儒家文化：「家風端自守，天命不言欺」、「禮以明心樂可照德，智能用事仁足愛心」「能忍自安知足常樂，群居守口獨坐傷心」「四面有山皆入畫，兩年無日不看花」。燕坊村另一大特色是古牌坊，現在仍保存完好的牌坊有「水木清華」「字水瀠洄」「建陽世家」「雙峰第」等十九座，每座牌坊或自成一體，或與院落相連，都有精美浮雕，雕刻的圖案為人物故事、吉祥動物、名貴花草、珍禽異鳥。內容表達的都是對生活的憧憬和追求，可以敦促和啟迪子孫後代。

八、汪口村

　　汪口村位於婺源東北部，古稱永川，江灣水與段莘水在此匯合，形成一個三面環水的半島，碧水汪汪，川流不息的河流，給盼望後裔如水綿長的始遷者杲公以靈感，遂取《詩・周南・漢廣》「江之永矣」之意，定村名永川。因村落地方原屬附近汪家，兼之地處雙河匯合口，後更名為汪口。宋大觀三年（1110）由朝議大夫俞杲建村，是一個以俞姓為主聚族而居的徽州古村

落[43]。汪口古村有千年古街、一經堂、懋德堂、大夫第、俞氏宗祠等景觀。

千年古街又稱正街，古街幽深，呈彎月形，全長六〇〇餘米。沿街有酒坊、李家等十八條巷直通溪下商埠，因汪口是婺源重要的碼頭，為貨物集散之地，明清時期商業十分發達。有裕豐號雜貨店、利和布店、同茂糕餅店、兆記米店、益春堂中藥店和大通商行以及油、米等加工作坊，計有數十家之多。

一經堂建於清乾隆年間，占地一五〇平方米。其主人俞念曾，官拜州同知事（五品）。他為官清廉，待人寬厚，且勉學勤讀。古書上說：「人遺子，金滿籯，我教子，唯一經」。這就是「一經堂」之來由[44]。他主張不要將錢財留給後人，要給子孫讀書成材。

懋德堂於清乾隆六十年所建。占地二五〇平方米。俗稱裡邊屋，為「東門出城第一家」。其祖輩俞理臣，一貫從商，家業殷實，為人謙和。當時享有「業至三省，家無白丁」之稱。懋德之意，就是勉勵子孫後代，為人處世要講道德。

汪口的歷史建築平渡堰。俗稱曲尺，就在村西的河口上。建於清雍正年間。是婺源縣重點文物保護單位。據《婺源縣誌》記載：「汪口雙溪合流，迴旋兇險，每逢洪水漲發，輒溺水居。」

43 畢新丁：《千年文化古村汪口》，香港：香港天馬圖書有限公司，2003，第 1 頁。

44 王健、丁武軍：《江西歷史文化旅遊資源開發——理論與實踐》，北京：人民日報出版社，2007，第 87 頁。

為平緩流速，減少水患，只有攔河築壩。此壩由清代學者江永所設計和指導砌築的。壩長一二〇米，寬十五米。雖經二百餘年的洪水衝擊，依然無恙，仍然橫臥於河上。

俞氏宗祠建於清乾隆九年，已有二六〇餘年歷史了。由朝議大夫俞應綸（正三品）省親回鄉時捐資興建，俞氏為明代抗倭名將俞大猷之後。祠堂占地面積為一一一六平方米，以木雕精湛著稱於世，被古建築專家譽為「藝術寶庫」，堪稱婺源古建築藝術之最。宗祠為中軸歇山式建築，三進院落，由山門、享堂、寢堂組成，祠內青石板地面，梁枋、斗栱、脊吻等處均巧琢雕飾，有萬象更新、雙鳳朝陽、福如東海等重要木雕，採用了淺浮雕、深浮雕、圓雕、透雕等藝術手法，精巧細膩，爭妍鬥巧，把清代徽雕精鏤細刻、繁複典雅的風格發揮到極致；山門亦稱五鳳門樓，規制很高；享堂主樑上雕飾有「福」、「壽」二字，蘊含福壽雙全之意，側梁上雕飾主題「瓜瓞延綿」，象徵著宗族的興旺。兩側花園尚存三棵百年古桂，枝葉婆娑，金秋時節，幽香襲人。

九、江灣鎮

江灣是古徽州婺源縣與休寧縣接壤的一個重鎮，地處三山環抱的河谷地帶，東有靈山，南有攸山，北有後龍山，一條梨園河（古稱江灣水）由東而西，呈「S」型從三山谷地中穿行，山水交融，給江灣平添了許多靈氣。[45]這地方山水一體，終年雲霧繚

---

45 李俊：《徽州文化古村——江灣》，《徽學研究內部資料叢刊》，2002。

繞，所以古代曾稱為雲灣。唐朝初年始建村，滕、葉、鮑、戴諸姓在江灣的河灣處聚居，逐步形成了一個較大規模的村落。北宋神宗元豐二年（1079）蕭江第八世祖江敵遷居江灣，子孫繁衍遂成巨族。故改雲灣為江灣。

江灣文風鼎盛、群賢輩出，村人著述達八十八種，任七品以上官宦二十五人，明代戶部侍郎江一麟，清代經學家、音韻學家江永，清代著名教育家、佛學家江謙等一大批學士名流名聞遐邇；江灣雪梨、荷包紅鯉、綠茶、歙硯享譽海內[46]。

二〇〇一年五月三十日，江澤民總書記到江灣視察後，江灣鎮旅遊經濟迅速騰飛。江灣著力打造「偉人故里——江灣」、「古埠名祠——汪口」、「生態家園——曉起」等景點。僅江灣景區一期工程總投資達四六〇〇萬元。二〇〇五年一月江灣景區順利通過了國家旅遊局旅遊區（點）品質等級評定委員會的評定，成為全縣首家國家 4A 級景區。二〇〇七年接待遊客一二〇萬人次，實現門票收入一八〇〇萬元，旅遊綜合收入一點〇八億元。

蕭江宗祠曾為婺源四大古建築之首，可惜在「文革」中被毀。其它古跡有：南關、敦崇堂、三省堂、培心堂、滕家巷、一府六院遺址、江永故居遺址、江仁慶宅等。

蕭江宗祠又名永思祠，始建於明朝萬曆六年，後毀於太平天國戰火。一九二四年重建，文化大革命期間又被拆毀。蕭江宗祠

---

46 王健、丁武軍：《江西歷史文化旅遊資源開發——理論與實踐》，北京：人民日報出版社，2007，第89頁。

曾被譽為江南七十座著名宗祠中「最好的一座宗祠」，為婺源古代四大古建之首。二○○三年九月，第三次重建。蕭江宗祠以其建築規模宏大、占地面積廣，雕刻精美，建築材料考究，為國內所罕見。

敦崇堂又名中憲第，建於清同治四年（1865 年），為清同治年間戶部主事江桂高宅第，是一組坐北朝南橫向佈局的徽派建築，店堂、落轎廳、會客廳、正屋廳，四間橫向相連，各有大門出入，又以內門相通，屋後有花園。建築之氣派，充分體現了主人的地位和富有。正屋為三開二進雙天井，兩層樓建築，大門朝東。門庭地面用鵝卵石鋪成古錢圖案，寓意財源滾滾而來。正廳天井也置有太平缸，說明徽州人家防火觀念之強。堂上高掛「敦崇堂」匾，兩邊楹聯富含哲理，「惜時惜衣非為惜財原惜福，求名求利終須求己莫求人」。「敦序承祧延世澤，崇儒務本振家聲。」既闡明了堂名的寓義，也體現了古人的治家思想。

三省堂是清末民初教育家、佛學家江謙的祖居屋，建於清朝中葉。原為三進二層樓建築，現存第一進及後堂灶間。堂名語出《論語》，寓意子孫銘記「吾日三省吾身」之道德修養。

「一府六院遺址」建於明代末期，其在一幢大房子內套了六幢小房，每幢小房都有天井、正廳、廂房，自成一家。六家之間有風火牆和火巷隔開，但又有小門相通。三層樓，占地廣，建築氣勢宏大，佈局猶如迷宮。四百多年來，房屋幾易其主，延至八○年代塌毀。但從遺址規模，仍可見其昔日風采。

江仁慶故居，徽商江仁慶，清末民初在上海經商致富後，返鄉建此宅，房屋為典型的徽派穿堂式結構，建築考究，風格獨

特，磚雕門樓氣派不凡，浮雕、深雕、透雕，鏤空景致多達五、六個層次，結構佈局嚴謹，人物形象生動，工藝精湛，處處體現主人的高雅審美情趣。

　　江永故居（遺址），江永（1681-1762），清朝經學家、音韻學家，皖派經學創始人。一生蟄居鄉里，以教書為生，著述甚豐。精通中西曆算，尤精通音律聲韻，其學術成就以考據最為見長，被《四庫全書》收錄的著作達十四部之多。現江永紀念館所在的建築，是清末所建，為民居加私塾式的徽派建築。

十、安義古村群

　　位於南昌市安義縣城龍津鎮西南約十公里的西山梅嶺之麓，地勢東高而低，南北為低丘崗地，中部和西部為河谷平原區，由長埠鎮羅田村、水南村和石鼻鎮京台村三大古村落及觀邊水庫、豬婆嶺組成，三村成等腰三角形的鼎足之勢。羅田村、水南村均為黃姓，據族譜載，唐朝末廣明元年（880）由湖北蘄州羅田南遷在此落腳安居，迄今已有一二〇〇多年的歷史。歷代羅田村人才輩出，民間有「小小安義縣，大大羅田黃」的說法[47]。水南村為古羅田村黃氏分支後裔。明初洪武七年（1374），羅田村第十五代村民，三十六歲的黃一能離開羅田遷居村南的黃源溪一帶，故名水南，迄今已六三〇多年，「水波翻錦浪，南屏作畫圖」則是水南輝煌歷史的寫照。京台村至今亦有一三〇〇多年的歷史，

---

[47] 南昌市旅遊局主編《南昌導遊》（內部資料），2006，第319頁。

該村是一村兩姓（劉姓、李姓），據京台劉姓族譜載，唐朝武德元年（618）劉廣德之子劉宗緒、劉宗壽定居於京台，廣德公成為京台劉氏的開基鼻祖。明洪武初年（1368）武寧籍人士、皇宮御醫李文華之子李敬讓因屢立戰功被皇帝賜封其落戶於京台，從此劉、李兩姓和睦相處共創京台村輝煌，塑造了「京台劉李，清水白米，饞死了多少黃花閨女」的福地形象。

羅田、水南、京台三村自建村迄今，均存留豐富多彩的古村落生活設施系統，包括古民居建築、古街、古戲臺、古牌坊、風水塔、貞節碑、夏蓮院（寺）、逍遙觀、古井、古樟、地下排水涵道等。據統計，三村明清民居建築八十五棟，其中明代建築八棟。在保存完好的古建築上有精美絕倫的石雕、木雕、磚雕飾件，尤以石雕匾額、木雕窗花品種多、技術精湛，令人歎為觀止，是古代勞動人民智慧的結晶，是古代民間文化的體現，是凝固的南昌古郡風采的再現，是明清江西鄉村建築文化、贛商文化的薈萃和展示，是中國古代村落建築藝苑中一枝絢麗的永恆的奇葩。

二〇〇一年五月，經過前期大量的準備工作，羅田、水南和京台以「安義古村群」景區向社會開放經營，向世人展示其「千年古村群，百代贛風情」的鄉村旅遊形象。二〇〇二年十一月「安義古村群」景區被南昌市民評為「新豫章十景」之一，並被中央電視臺國際頻道「走遍中國」欄目組選為「歷史南昌」板塊的重要拍攝內容。從此「安義古村群」走向全國，走向世界，成為展示南昌「古色旅遊」風采的重要亮點。

第六章

其他風景名勝

第一節 ▶ 書院

一、鵝湖書院

　　鵝湖書院在鉛山縣北十五里鵝湖寺旁，始建於南宋，距今已有近八百年。鵝湖書院是中國古代的著名書院，與吉安白鷺洲書院、廬山的白鹿洞書院，並稱為「江西三大書院」。明景泰五年（1454）大理寺正卿李奎寫的《重建鵝湖書院記》，肯定了鵝湖書院在中國文化教育上的地位，「大江以西古稱文獻之邦，書院之建不知有幾，惟鵝湖之名與白鹿並稱天下」。[1]至清代更有人將它列入天下四大書院之中。可見鵝湖書院在整個封建社會，尤其是明清時期的社會影響力之大。

1　（清）同治十三年《鉛山縣誌》卷九《學校志・書院》，臺北：成文出版社，1989，第767頁。

（一）書院的歷史沿革

鵝湖書院舊稱四賢祠，又稱文宗書院，因坐落在武夷山餘脈的鵝湖山北麓而得名。同治《廣信府志》記載了鵝湖山名的來歷：「因山上有湖，多生荷，原名荷湖。東晉時，有山民龔氏，養鵝於此，紅鵝育子數百，羽翼豐滿後，騰空飛去，遂更名鵝湖。」[2]爾後該山稱之為鵝湖山。鵝湖山自古便是清幽秀麗的地方。宋人趙蕃寫下「恨無東絹堪圖此，歸伴蒲團掛北窗」[3]來讚美此景。詩人蔡經曾在鵝湖寫下詩句：「鵝湖山下春可憐，野梅含雨柳生煙。遊絲細細駐林杪，浴鷺悠悠飛水田。物候催人如過客，朔雲回首忽經年。征衣尚拂紅塵路，悵望鄉關落照邊。」[4]

唐代大曆中（766-799）大義禪師結庵鵝湖山頂，後遷至官道邊，宋咸平年間（998-1003）賜額慈濟院，後更名鵝湖寺。南宋淳熙二年（1175）六月初，「朱晦庵、陸象山曾會此論辯，所謂鵝湖論辯即此」，[5]史稱「鵝湖之會」或者是「第一次鵝湖之會」。南宋淳熙十五年（1183），在鵝湖之會後的十三年，當時南宋的愛國詞人陳亮約朱熹、辛棄疾仿「鵝湖故事」，商談國事

2　（清）同治《廣信府志》卷三《山川》，臺北：成文出版社，1970，第71頁。

3　（宋）趙蕃《鵝湖道中二首》，《淳熙稿》卷十九《七言絕句》，四庫全書本。

4　（明）蔡經：《鵝湖道中》，雍正《江西通志》卷一百五十五《藝文・七言律》，四庫全書本。

5　（明）彭大翼：《山堂肆考》卷一百七十三，四庫全書本。

與學問。朱未至，陳辛二人則「長歌相答，極論世事，逗留彌旬」。[6]世人稱此為「第二次鵝湖之會」或「鵝湖之晤」。由於兩次「鵝湖之會」影響頗大。南宋淳祐十年（1250），「江東提刑蔡抗請於朝賜名文宗書院」，[7]信州刺史楊汝礪在書院築四賢祠紀念四位先賢。《江西通志》記載：「四賢祠祀朱呂二陸四先生，宋守楊汝礪建」，[8]四賢祠是古代文人景仰的地方。明代詩人費寀寫下一首七律《謁鵝湖書院四賢祠》讚頌此祠：「諸老高風迥莫攀，巒光蒼翠水潺湲。乾坤一會存吾道，祠宇千年重此山。碧草春深猶自好，紅鵝雲遠不知還。摳衣莫問當時事，落落殘碑半蘚斑。」[9]元代鵝湖書院遷至鉛山城內。

鵝湖書院歷代都受到官府等重視。宋末年朝廷設官師主之。書院歷代均有大規模修葺和擴建，而且文風鼎盛，培養出了一大批文人士子。皇慶二年（1313）鉛山知州寶汝舟建會元堂。黃謙、鄒毅、吳師道、吳旭、徐複、吳以牧、程端禮等先後為山長。元末毀於兵火。明景泰四年（1453），江西巡撫韓雍、廣信知府姚堂在鵝湖寺旁重為修復，並把它正式命名為鵝湖書院。弘治間遷至山頂。正德六年（1511），「正德辛未提學李夢陽重

6　（宋）李幼武：《宋名臣言行錄外集》卷十六，四庫全書本。

7　雍正《江西通志》卷二十二《書院・建昌府二》，四庫全書本。

8　雍正《江西通志》卷一〇九《祠廟・撫州府》，四庫全書本。

9　（明）費寀：《謁鵝湖書院四賢祠》，《江西通志》卷一百五十五《藝文・七言律》，四庫全書本。

建」。[10]明萬曆年間，魏忠賢廢毀書院時，士子力爭而祠廟得以保存。明崇禎末年（1644）御史編修楊廷麟秉承朝廷旨意重新選址建造牌坊，並書額「斯文宗主」、「繼往開來」為牌坊額文。這個牌坊一直保存至今。清順治十年（西元 1673 年）江西巡撫蔡士英捐資重建，並列名於江西四大書院之中。康熙五十六年（1717），「皇上振興文教御書『窮理居敬』扁額一款、『章岩月朗中天鏡，石井波分太極泉』對聯一副，頒賜書院」。[11]為迎御賜匾楹，江西、廣信、鉛山三級官吏和地方士紳紛紛捐資，對鵝湖書院進行大規模修復擴建，使書院占地面積達二點一萬平方米。佈局基本為：新築山門、牌坊、大堂、泮池、拱橋、碑亭、御書樓；兩側更修建廂房數十間，作為士子讀書之所。至今牌坊、泮池、後殿、廂房等建築保留尚完好；泮池兩側的廂房內，尚存明、清兩代古碑十三塊。道光二十七年（1847），書院仍然規模宏大，當時的基本佈局為：院牆前臨照塘，牆內左義門，右禮門。建築共六進：一、頭門；二、青石牌坊；三、泮池，池上有雕欄石拱橋，泮池兩旁各有一碑亭；四、儀門，三楹，兩翼有廊廊；五、會元堂，五楹；六、御書樓。東西兩廊各有讀書號房二十楹。咸豐間毀於兵火。同治間重建，清末改為鵝湖師範學堂。

---

10 雍正《江西通志》卷二十二《書院·建昌府二》，四庫全書本。

11 雍正《江西通志》卷一百一十八《藝文·奏疏四》，四庫全書本。

（二）書院歷史文化

兩次鵝湖之會在中國文化史上有很大的影響，尤其是第一次鵝湖之會。

南宋淳熙二年（1175）六月初，當時著名學者呂祖謙邀集朱熹和陸九淵、陸九齡兄弟在鵝湖寺進行理學辯論。

朱熹（1130-1200）中國南宋著名思想家。祖籍徽州婺源（今屬江西）。朱熹在哲學上發展了二程（程頤、程顥）關於理氣關係的學說，建立了完整的理學體系，後人稱之為「程朱理學」。大學士李光地撰曰：「天子衡量道術，一以朱子為宗，聖人有作，萬世論定矣。」**12**

陸九淵（1139-1192）南宋著名哲學家、教育家。撫州金溪人。陸九淵是中國「心學」的創始人。把儒家孔孟的思想與禪宗的某些思想方法結合在一起，並根據程顥「天即理」、「天即心」的思想，提出「心即理」、「宇宙內事乃己分內事，己分內事乃宇宙內事」**13**。明代王陽明發展其學說，成為中國哲學史上著名的「陸王學派」，對近代中國理學產生深遠影響。

陸九齡（1132-1180），字子壽，陸九淵之兄。長期跟隨父兄研講理學，為學注重倫理道德的實踐。認為「心」是一切事物的基礎和出發點。自古以來聖人相傳的「道統」即是

---

12 （清）李光地：《榕村集》卷十四《重建鵝湖書院記》，四庫全書本。

13 （元）脫脫，《宋史》卷四百三十四，四庫全書本。

「心」，離開「心」猶如「無址」而「成岑」。

呂祖謙（1137-1181），字伯恭，人稱「東萊先生」。呂祖謙著述頗豐，如《古周易》《書說》《呂氏家塾讀詩記》等，皆已收入《四庫全書》。

以上四人都是鵝湖之會的參與者。那麼，為什麼選的鵝湖呢？首先朱熹經常在這信州一帶活動。據《江西通志》載：「吾信為閩之門戶，文公（朱熹）遊仕四方，必道出焉，故信之山水最為所賞愛，至今深山窮谷，雖土人亦罕至，而往往有公（朱熹）遺墨，鵝湖以講道特顯。南岩去郡治絕溪而南十里許，公蓋嘗至焉」。[14]朱熹生平頻繁來往於廣信府，曾長期在白鹿洞書院講學。而二陸是撫州金溪人，離這裡不遠。

鵝湖之會發生的淳熙二年，具體時間應該是五月末六月初。與會者的參與者達到百人之多，多位江西、浙江、福建的學者，實為一時之盛會。鵝湖之會大約持續了三四天，在此期間，二陸和朱熹各自傳述自己在哲學上的見解。會議辯論的中心議題是「教人之法」。關於這一點，陸九淵門人朱亨道有一段較為詳細的記載：「鵝湖講道，誠當今盛事。伯恭蓋慮朱與陸猶有異同，欲令歸於一，而定其所適從。……論及教人，元晦之意，欲令人泛觀博覽而後歸之約，二陸之意欲先發明人之

---

14 （明）汪偉：《南岩文公祠記》，雍正《江西通志》卷一百三十一，四庫全書本。

本心，而後使之博覽」。[15]這一點也可以說是通過何種途徑完成個人倫理道德修養的問題。

在這個問題上，雙方各執已見，互不相讓。朱熹強調「格物致知」，認為格物就是窮盡事物之理，致知就是推致其知以至其極。主張多讀書，多觀察事物，根據經驗，加以分析、綜合與歸納，然後得出結論。陸氏兄弟則從「心即理」出發，認為格物就是體認本心。主張「發明本心」，心明則萬事萬物的道理自然貫通，不必多讀書，也不必忙於考察外界事物，去此心之蔽，就可以通曉事理，所以尊德性，養心神是最重要的，反對多做讀書窮理之工夫，以為讀書不是成為至賢的必由之路。

鵝湖之會中，雖然雙方都未能達到平心靜氣辯論，最終是不歡而散，未能得到統一的結論，但這次辯論深深影響者今後幾百年的學術。

首先，鵝湖之會雖未能達成一致，但在雙方冷靜下來後，都認為自己的學說也有極端的地方，從而進行修改。朱熹說他「自訟前日偏見之說不知果如何」。[16]呂祖謙也說「幡然以鵝湖所見為非，甚欲著實看書講論」。[17]陸九齡後來轉向朱熹，寫

---

15 （清）王懋竑：《朱子年譜》卷二，四庫全書本。

16 （宋）朱熹：《晦庵集》卷三十四，四庫全書本。

17 （宋）呂祖謙：《東萊別集》卷八，四庫全書本。

信給他,「乃伏其謬」。**18**其次,鵝湖之會開創了學術爭論的優良傳統。鵝湖之會是儒學內部不同觀點的爭論。通過辯論,來辨明真理,消除分歧,謀求一統是值得提倡的。這種會講,也就是現在的學術研討的雛形。再次,開平等地開展學術爭論之先河。朱熹是儒學大師,但他並沒有以地位權勢和年齡來壓制對方。而且學術上的分歧並沒有影響到二人的友誼。淳熙八年(1181),朱熹邀請陸九淵到白鹿洞書院講學,陸作了「謂君子喻於義小人喻於利」**19**的講演,深得朱熹讚賞。陸九淵後來也為自己在鵝湖之會上的年輕氣盛表示內疚。認為朱熹是「泰山喬嶽」。他們的這種在學術上堅持原則決不妥協,但是又相互尊重對方觀點的態度,是值得今後的學者繼承和發揚的。

朱熹、陸九淵和陸九齡三人都有關於鵝湖之會的詩流出於世。陸九齡有詩云:「孩提知愛長知欽,古聖相傳只此心。大抵有基方築室,未聞無址忽成岑。留情傳注翻榛塞,著意精微轉陸沉。珍重友朋勤切磋,須知至樂在於今。」**20**陸九淵和詩:「墟墓興哀宗廟欽,斯人千古不磨心。涓流積至滄溟水,拳石崇成泰華岑。易簡工夫終久大,支離事業竟浮沉。欲知自下升高處,真偽先須辨只今。」**21**朱子和詩:「德義風流夙所欽,別離三載更

---

18 《御纂朱子全書》卷三十八《禮二》,四庫全書本。

19 (元)袁俊翁:《四書疑節》卷三《論語三》,四庫全書本。

20 (元)方回:《瀛奎律髓》卷四十二,四庫全書本。

21 (明)劉宗周,《論語學案》卷五,四庫全書本。

關心。偶扶藜杖出寒谷，又杠籃輿度遠岑。舊學商量加邃密，新知培養轉深沉。卻愁說到無言處，不信人間有古今。」²²

「第二次鵝湖之會」發生於淳熙十五年（1188），辛棄疾與陳亮仿鵝湖故事，在鵝湖同憩，瓢泉共酌，長歌相答，極論世事，主要是抒發愛國之情，抗金復國的願望。辛棄疾（1140-1207），南宋詞人，與蘇軾齊名，並稱蘇辛。陳亮（1143-1194），南宋思想家、文學家，婺州永康（今屬浙江）人。此次鵝湖之會的規模並沒有上次宏大，也沒有激烈的辯論，基本上是交流各自的抱負。但儘管如此，相聚的十來天，也成為了詞壇的佳話。兩人也從此產生了深厚的友誼。陳亮去世後，辛棄疾在祭文中悲痛欲絕，道「而今而後，欲與同父憩鵝湖之清陰，酌瓢泉而共飲，長歌相答，極論世事，可復得耶？」²³可見其痛失摯友之心。

文人賴山川流傳，山川須文人潤色。鵝湖山也正是由於這麼多文人名士留下足跡而變得名聲日隆，所以，《古今圖書集成》將鵝湖山與湖南的嶽麓山並稱為天下名山。可見其影響之深遠。

---

22 （宋）朱熹：《鵝湖寺和陸子壽》，《御纂朱子全書》卷六十六，四庫全書本。

23 （宋）李幼武：《宋名臣言行錄外集》卷十六，四庫全書本。

二、白鷺洲書院

（一）書院概況

　　吉安古稱廬陵，自宋代以來，這裡名人輩出，成為人文薈萃之區，素來享有「文章節義之邦」的盛譽。著名的白鷺洲書院就坐落於吉安市城東贛江江心中雙水夾流之處的白鷺洲之尾，南宋淳祐元年（1241）吉州知軍江萬里始建。它與廬山的白鹿洞書院、鉛山的鵝湖書院並稱為「江西三大書院」，是古代吉安的著名學府。清代知府羅京更是總結道：「江西有二書院名天下：吉安白鷺洲、南康白鹿洞」[24]，進一步肯定了白鷺洲書院的地位。

　　白鷺洲是老城（今吉安市）東贛江中突起一洲，兩頭尖，中間大，呈梭形。由贛江中的泥沙沖積而成，南北狹長，中間大，呈棱狀，面積約一點五平方公里，洲上竹木蔥蘢，從遠處望去，似一片綠葉浮於萬波之中。據縣誌記載，該洲的得名乃取自於唐代詩人李白《登金陵鳳凰台》的詩句「三山半落青天外，二水中分白鷺洲」。[25]由於白鷺洲屹立於浩闊的贛江之中，雙水夾流，情景正與李白之詩句相合，所以被用作洲名。白鷺洲的景色秀麗壯觀，清人劉應秋《重修白鷺洲書院記》中記載：「洲在郡治之東，踞江中流，延袤數里，狀如游龍，青原、神岡、天瑞

---

24 同治《廬陵縣誌》卷十五《學校志・書院》，臺北：成文出版社，1989，第 1865 頁。

25 （宋）李昉：《文苑英華》卷三百一十三，四庫全書本。

諸峰左右拱挹入其抱，贛江合瀘、禾二水，循涯而西，小者洄
潏，大者澎湃，出乎烏履之下，居然郡中一形勝也。」[26]

（二）書院的歷史演變

宋淳祐元年（1241），知吉州軍江萬里見白鷺洲江水環繞，
青翠雅靜，是讀書講學，著述論理的好地方，又因吉州是理學先
驅程顥、程頤的過化之區，「以程大中先生嘗為廬陵尉」，[27]為景
仰先賢，闡揚理學，培育人才，「因命構樓，開講學之堂，創立
白鷺洲書院，集郡中九邑俊秀肄業其間」。[28]

白鷺洲書院建成之初即規制完備，如縣誌所載：「院內立
文宣王廟、欞星門、雲章閣、道心堂、萬竹堂、風月樓、浴沂
亭、齋舍庖具備。置田租八百石有奇，繞城濠池，歲入租銀五
十兩，贍學徒。」[29]後又「建祠祀二程子益以周張邵朱為六君
子祠，…書院可容諸生數百。」[30]書院初建時沒有選到合適的
人任山長，就寧缺毋濫，江萬里親自為諸生講學，自任山長，講
學其中，「載色載笑，從容於水竹間，忘其為守」，[31]本郡九邑俊

---

26 雍正《江西通志》卷一百三十二《藝文記十二》，四庫全書本。

27 雍正《江西通志》卷二十一《書院一》，四庫全書本。

28 （清）同治《廬陵縣誌》卷十五《學校志‧書院》，臺北：成文出版
社，1989，第 1083 頁。

29 （清）同治《廬陵縣誌》卷十五《學校志‧書院》，臺北：成文出版
社，1989，第 1084 頁。

30 同上。

31 同治《廬陵縣誌》卷十六《學校志》，臺北：成文出版社，1989，第
1086 頁。

秀在這裡求學，如沐春雨，如坐春風。

白鷺洲書院建成十幾年等時間就為朝廷培養了一批科舉人才。寶祐四年（1256）春秋闈，南宋金榜六〇一名進士，其中吉州占四十名，且大多數為白鷺洲書院學生，以郡州計算，為全國之最。曾在書院就讀的二十一歲的書院學生文天祥一舉奪魁，高中狀元。理宗看了他的「對策」之後甚是欣賞，又看了他的名字，便高興地說：「此天之祥，及宋之瑞也」[32]，親筆題寫了「白鷺洲書院」匾額，並將其懸掛在書院大門上。從此，白鷺洲書院名揚全國。使「縉紳德之，吏民憐之，悍卒化之。」[33]

白鷺洲書院建在河心洲上，所以很容易被洪水沖毀。據史料記載，至元十九年（1271），白鷺洲書院建成才三十年就坭於水，史料載：「僅三十載輒壞於洪流，其後再修再壞，竟為荒壞。」[34]後由吉安路總管李玨修復。至正十二年（1352），紅巾起義軍與元兵戰於吉安，書院又大部被燒毀。再過二年，又遭大水，書院毀壞殆盡。至正十五年（1355）重建，恢復舊觀。

明初，白鷺洲書院漸成遺跡，在明初長達一百七十餘年的時間內沒有得到修理，這主要是因為明初政府重視官學，書院一直處於沉寂狀態。明代嘉靖五年（1526），知府黃宗明始興復，並命人重建講堂。嘉靖二十一年（1542），「知府何其高澈南關外仁

32 《文山集》卷二十一《紀年錄》，四庫全書本。

33 （宋）劉辰翁：《須溪集》卷三《記》，四庫全書本。

34 《白鷺洲書院記》，雍正《江西通志》卷一百三十一《藝文記十》，四庫全書本。

壽山慈恩寺，遷建書院，於寺址顏外門，額曰『白鷺書院』」。**35**
隆慶六年（1572），「巡按任春元從諸生請，改仁壽山白鷺洲為
盧陵縣學，白鷺洲書院遷城北隅。**36**」萬曆元年（1573），白鷺
洲書院經歷了一場浩劫。據《鷺洲書院志》記載，當時「張居正
柄國，下令悉毀天下書院。有司莫知所出，姑題其門曰『湖西公
署』，後居正敗，乃復稱白鷺洲書院。」**37**由於仕子們的保護，
白鷺洲書院才得以保存。至萬曆二十年（1592），吉安知府汪可
受將書院重新遷回白鷺洲上，「建書院於白鷺洲，築吉台內堤、
汞堤，前開鷺池立橋，其上增號舍百間，創建祠記。…建理學忠
節名臣三坊」，**38**其餘堂、閣、樓、亭均重修。

　　有清一代，書院又多次毀於水災和戰爭。其間兩百多年，白
鷺洲書院共修建十九次，平均約十四點一年一次，其中大的有十
三次，最後一次是同治二年（1863），知府曾省三重修。洲頭現
存的風月樓、雲章閣以及一排排的齋舍，就是同治二年最後一次
修建時所遺留下來的建築。清代幾次大的重修情況詳於表 6.1。

35 同治《盧陵縣誌》卷十五《學校志·書院》，臺北：成文出版社，
1989，第 1091 頁。

36 同治《盧陵縣誌》卷十五《學校志·書院》，臺北：成文出版社，
1989，第 1094 頁。

37 乾隆《吉安府志》卷十五《學校志》，臺北：成文出版社，1989，第
1843 頁。

38 乾隆《吉安府志》卷十五《學校志》，臺北：成文出版社，1989，第
1848 頁。

表6.1　清代書院主要重修情況一覽

時間	重修者	有關記載	資料來源
順治三年（1646）	湖西道楊春育、署守晉承露	倡修白鷺洲書院，監軍黃鼎象捐資。	同治《廬陵縣誌》卷十五《學校志·書院》
順治十二年（1655）	李興元	知府李興元重修。	乾隆《吉安府志》卷十七《學校志》
康熙三年（1664）	知府郭景昌、知縣于藻	五年，湖西道施閏章講學其中。	乾隆《吉安府志》卷十七《學校志》
康熙三十年（1691）	知府羅京	興復書院及各祠	乾隆《吉安府志》卷十七《學校志》
康熙五十二年（1713）	知府林逢春	書院盡圮於水。「惟雲章閣建吉臺上猶存。就閣上祀先賢。」	同治《廬陵縣誌》卷十七《學校志·書院》
雍正二年（1724）	知府吳銓、廬陵知縣涂宗震	建大門，道心堂及號舍五十間。周圍牆垣改砌堅固。	乾隆《吉安府志》卷十七《學校志》
乾隆三十九年（1774）	知府盧松	建逢原堂增立號舍十一間，複廣內課，生童額十人。	乾隆《吉安府志》卷十七《學校志》

白鷺洲書院是古代吉安府一著名的教育勝地，博學鴻儒、文人志士，層出不窮，在江西古代教育史上有著重要的地位。清代曾在白鷺洲書院主持講席的著名學者施閏章有詩讚道：「鵝湖鹿洞尋常事，不信風流限古今。」[39]後世評價曰：「惟鷺洲一事過江百年，仁山字水，人自為士，然學校科舉終有愧於道。孰能學校科舉外，而求志，又孰能因學校科舉而成之。自鷺洲興而後斯人宿於義理，自鷺洲興而後言義理者暢。」[40]其中著名的歷史人物有江萬里、歐陽守道、文天祥、劉辰翁等。

三、信江書院

據同治《上饒縣誌》載，書院在古信江府「府城外鐘靈橋南黃金山麓」，[41]即現在的信江南岸。信江書院由信江而得名。信江，又名上饒江，古稱余水。唐代以流經信州而名信河，清代稱信江，發源於玉山縣懷玉山南麓，流經玉山、上饒、鉛山、弋陽，後進入鷹潭。書院創建於清代康熙三十三年（1694），距今已有三百多年。信江書院是江西古代的著名書院，與吉安白鷺洲書院、盧山的白鹿洞書院、鉛山的鵝湖書院並稱為「江西四

---

39 （清）翰林院侍讀施閏章：《登白鷺洲閣是前賢講學處》，《學餘堂詩集》卷三十六，《七言律》，四庫全書本。

40 （清）乾隆《吉安府志》，卷 17，《學校志》，臺北：成文出版社，1989，第 1822 頁。

41 同治《上饒縣誌》，《書院》，臺北：臺灣成文出版社，1989，第 591頁。

大書院」。乾隆《廣信府志》記載：「紫陽書院為七邑人文之匯，規模與鵝湖埒」，[42]「道德之儒與忠義之士磊落」，[43]是江西古代培養人才的搖籃。

清初，滿族入主中原後。為了維護專制統治，清廷文化教育政策，更多地繼承了明代崇文重儒，闡揚朱熹理學，籠絡士子，強化綱常倫理的成分，重視書院在宣揚理學方面的作用，和在正誼明道中的價值。於是到了康熙年間，鼓勵建造書院，信江書院應運而生。信江書院初為郡人祀張國禎祠，後建義學於內，匾曰「曲江書院」。據同治六年（1867），廣信府知府鍾世楨在《重修信江書院志》序中記述：「信州之有書院，自郡守張公始」。張公，即康熙年間的廣信知府張國楨，號覲公，直隸寶坻人，例監起家。康熙三十三年（1694）任廣信知府。康熙三十六年（1697），當地士紳擬建他的生祠。張不受，改設義學，匾曰「曲江書院」。

書院建成後，地方官員都非常重視，進行過多次維修，書院一直保持興旺。康熙五十一年（1712），知府周淳元加以修葺，改名為「鐘靈講院」。並延師主講，招收上饒、永豐（今廣豐）、鉛山、玉山、貴溪、弋陽、興安（今橫峰）、萬年等七縣士子生員在其中學習。時任文淵閣大學士、吏部尚書李光地（1642-1718）為之作記，稱：「文明之運始於國家，面視乎推行者之至

---

42 乾隆《廣信府志》《書院》，臺北：臺灣成文出版社，1989，第 768 頁。
43 同上。

不至。」[44]「西江故人文地，在宋廬陵、臨川、南豐諸子為文章宗師，濂溪、明道、伊川於此相授焉。南渡後，有陸氏兄弟以學行與朱子道義相切。而朱子趨朝來往。必由信州取道，故玉山之講、鵝湖之會道脈攸系，跡在此邦。」李光地還強調了地方官員在興複書院時的作用和書院的價值。論及這點時，李光地從科舉取士的成果上進行了前後對比，說明書院的功效。乾隆八年（1743），知府陳世增以少書舍難容多士為由，「修葺於堂後山作樓祀朱子，旁建學舍八十餘間」，[45]易名「紫陽書院」。乾隆四十六年（1781），知府康其淵再次擴建，「拓建青雲閣、凌雲閣精舍、文匯軒，萬錦書層及一楊軒中道亭半山亭並廣植松竹，充拓牆垣，規制一新。」[46]並增建學舍和亭閣數十楹，改額「信江書院」。嘉慶十四年（1809）十二月知府王賡言蒞任。次年（1810），進行了維修和大規模擴建，「構西偏房三十五間，為樂高堂，近思堂，增束修膏火及生徒額。因改建五星堂蒙泉亭及青雲別墅亦樂堂」，[47]並撰修了《信江書院志》。十七年（1812），上饒縣知縣賴勳添修夕秀亭遊廊。二十年（1815）知縣周力田於春風亭後添修三希殿，中祀先師孔子，以朱文公、趙忠定、文文山、謝疊

---

44 乾隆《廣信府志》《書院》，臺北：臺灣成文出版社，1989，第 765 頁。

45 乾隆《大清一統志》卷二百四十二，四庫全書本。

46 同治《上饒縣誌》，《書院》，臺北：臺灣成文出版社，1989，第 591 頁。

47 同治《上饒縣誌》，《書院》，臺北：臺灣成文出版社，1989，第 592 頁。

山四公配享。道光四年（1824），「知府劉體重捐俸修葺並資助生徒膏火。」[48]同治六年（1867），知府鐘世楨「因軍興後書院倒坍」，[49]再次對書院進行大修，並重修了《信江書院志》。書院現存木結構建築有書屋、精舍、講堂、亭、台等十一處。

歷史上有無數的文人文人騷客都在信江書院留下墨寶，同時他們留下的還有對此地風景和文化底蘊的無盡留戀，也奠定了書院的歷史文化內涵。清代著名詩人張邸塵集杜牧、李商隱詩題信江書院：「川光初媚日，野氣欲沉山。」（前句原詩杜牧《秋晚與沈十七舍人期遊樊川不至》：「邀侶以官絆，泛然成獨遊。川光初媚日，山色正矜秋。野竹疏還密，岩泉咽複流。杜村連滃水，步見垂鉤。」[50]後句原詩李商隱《戲贈張書記》：「別館君孤枕，空庭我閉關。池光不受月，野氣欲沉山。星漢秋方會，關河夢幾還。危弦傷遠道，明鏡惜紅顏。古木含風久，平蕪盡日閑。心知兩愁絕，不斷若尋環。[51]）同時他在近思堂題了一首詩：「快意當前，如鏡臨水；會心不遠，開門見山。」

---

48 同治《上饒縣誌》，《書院》，臺北：臺灣成文出版社，1989，第 595 頁。

49 同治《上饒縣誌》，《書院》，臺北：臺灣成文出版社，1989，第 596 頁。

50（唐）杜牧：《秋晚與沈十七舍人期游樊川不至》，《御定全唐詩錄》卷七十三，四庫全書本。

51（唐）李商隱：《李義山詩集》卷下，四庫全書本。

第二節 ▶ 古橋

一、南城萬年橋

萬年橋是江西現存最早的石拱橋。明崇禎八年（1635）始建，清順治四年（1647）竣工。「萬年橋在南城縣東北六里明崇禎中建」，[52]處在南城縣內盱江與黎河下游。橋長四一七米，高十米，二十三孔，孔徑十四米，前墩尖而高昂，後墩方而低矮，有昂首挺胸迎水之勢，古稱「金剛雁翅式」。橋面中間原有一亭。兩旁有石欄杆。精彩雅致，古樸涼爽。

明崇禎七年（1643）仲夏，雨霖江漲，歇陽渡口，舟覆人溺，死者三十三人。是年臘月，分巡湖東道吳麟瑞（字秋清，南城人）駕臨渡口，詳查情況，首倡建橋，提出「歇陽渡皆以舟涉洪波闊險，多覆溺患，……始創為石橋二十四壘，延石九層」[53]。他博采眾議，厘定方案：「劃二十四壘，延石九層，為湖東諸郡冠，墩如太平橋，峭其上。以厚石為之，堅以整。旁周石為欄。其上不屋，以防火災。」[54]為籌畫建橋鉅款，吳君捐薪俸以宣導。不久吳君調任江西按察使，督催更嚴，親為「置材計

---

52 《大清一統志》卷二百四十五《建昌府》，四庫全書本。

53 同治《南城縣誌》卷九之三《藝文・記》，臺北：成文出版社有限公司，1989，第 3493-3494 頁。

54 同治《南城縣誌》卷二之四，《建制志・津梁》，臺北：成文出版社有限公司，1989，第 549 頁

庸，獎勤鞭惰」。[55]至順治四年（1947）橋成。

此後，橋多有重修。雍正二年（1724）圯壞，「太守李朝柱修建，有碑記原有贍橋租四百八十四石七鬥七升」[56]。乾隆六年（1742），「太守楊宏志請內撥租二百七十四石四鬥八升，贍旴江肄業膏火，余存修橋。」[57]據《欽定南巡盛典》記載，「乾隆二十二年，間開成以後因未經定有歲加疏浚之例，以致每年全沙噴注淤墊日厚。」[58]而此時的萬年橋也面臨著同樣的困境，於是朝廷下令「務令河底與新建之萬年橋底一律相平，庶河身不致複淤，即可永資分泄之益矣，奏入報。」[59]清淤工作使得萬年橋抵禦洪水的能力大為增強了。

民國二十五年（1936），萬年橋改為公路橋，成為連接溫城、鷹城等公路的重要通道。由於萬年橋在軍事方面具有重要價值，抗戰時期被日軍炸了東岸三孔橋面，不久在厚墩上鋪設木板以臨時通車。解放前夕，臨時鋪設的橋面又被國民黨燒毀。一九五三年，按照原式修建，一九五四年竣工。

明清時期，我國石橋的建造達到了高峰，各地出現了一批品

55 江西省南城縣地方誌編撰委員會：《南城縣誌》，北京：新華出版社，1991，第 360 頁。

56 同治《南城縣誌》卷二之四《建制志·津梁》，臺北：成文出版社有限公司，1989，第 547 頁。

57 同上。

58 乾隆《欽定南巡盛典》卷四十八《河防》，四庫全書本。

59 同上。

質高、規模大的石拱橋和石樑橋。萬年橋就是建於這個時候的。明代大量的石橋建造也得益於石橋建造技術的提高，但是儘管如此，要在水流湍急的盱江上建造長達近五百米的石橋在當時也是一見看似不可能完成的任務。當年建造此橋，因水深流急，河床地質複雜，工程異常艱巨，但能工巧匠們採用了科學的施工方法。橋體採用條青石結構，拱圈頂採用縱聯式壘砌。其橋舊志載：「用此築法，不患其濕，而患其燥。土可養石，灰（石灰）可膠土，卵石以灰為骨，實為妙也。」[60]盱河水深流急，河床水文地質十分複雜，當時工匠採取的施工方法是：第一步作堰，用竹片做竹籠，內填沙土圍成第一道防水牆；第二步在圍堰內清理墩基，用木料作籠架，內外兩層，木板中間填沙土，形成第二道防水牆。將第二道堰內水抽乾後，再在堰內做墩腳，出水面後搭架砌拱圈。橋墩前面分水尖仰而高，後墩較低，呈「金鋼雁翅式」。最難建造的是第十八墩，其位置正好在武崗深潭之上，回流急湍，舟楫難渡，只得採用以船裝石，鑿船沉石的辦法，僅此一墩，歷時數年，並為之付出了不少民夫性命。橋成，「行者謳歌，觀者詠歎」。[61]造型單薄輕巧，具有南方古石拱橋特色。

　　萬年橋是的建造不但堅固而且做到了堅固美觀。地方誌記載，萬年橋、太平橋橫跨盱江之上，兩橋次第平列，猶如雙虹臥

60 江西省地方誌編撰委員會：《江西省建築業志》，北京：中共黨校出版社，1994，第 242 頁。

61 同治《南城縣誌》卷九之三《藝文・記》，臺北：成文出版社有限公司，1989，第 3493-3494 頁。

波。南對「軍峰卓筆」，北依「武崗玉筆」，東臨「大富仙蹤」，西枕「赤面芙蓉」，旴江美景，盡集與此。

在萬年橋上，還發生了一件鮮為人知的政治事件。康熙十三年（1675），「逆藩耿精忠據福建叛，縱黨入江西。犯建昌，時（高）天爵已遷兩淮鹽運使，或勸之速行。天爵曰：吾守此王十六年，雖受代豈可遽離。遂率家丁數十人禦賊萬年橋。城守副將趙印已降賊，乘天爵力戰，從後縛之以獻。」**62** 滔滔旴江水，在平靜中竟也演義出如此驚心的忠貞與背叛的故事。

二、婺源彩虹橋

彩虹橋現處於江西婺源清華鎮，這裡歷史上屬古城徽州。彩虹橋是徽派建築的精華之作。

彩虹橋所在的清華鎮位於婺源中部偏北，是古代整個婺源的中心點：由清華向東北方向可到浙源、虹關、嶺腳；向北可到沱川；向西可到大鄣山；西北偏西方向的黃村（百柱祠）、古坦、石城石林；向西可到路甲賦春。彩虹橋位於交通要道上，地理位置顯得尤為重要。

婺源清華彩虹橋被譽為中國最美的廊橋，它有著悠久的歷史，始建於南宋，已有八○○年歷史。彩虹橋是古徽州現存的最古老、最長的廊橋，享有「中國廊橋史上的絕板」之譽。彩虹橋為長廊式人行橋，橋上蓋頂，既可供路人避雨遮日，還可以供鄉

62 《欽定八旗通志》卷一百八十九《人物志》，四庫全書本。

民歇息聊天，所以又稱樓橋、風雨橋。橋全長一四〇米，寬六點五米，橋基四墩青石疊砌，呈半圓船形，兩橋墩之間跨徑為十五米，以木梁橫聯，上鋪木板成橋面。橡瓦結頂為廊，兩側圍以木欄，廊內設有長凳和亭間兩座，建築形制古樸，氣勢雄偉。此外，聰明的清華人還利用石壩形成的落差，在壩旁架起了高大的水車，將流水變成水動力，帶動水車舂米、磨粉。

彩虹橋的構造設計得十分科學合理，是中國古代勞動人民智慧的結晶，其建築特色體現在以下幾個方面。

其一，一般建橋者大都把橋建造在河面最窄處，這樣一可以節省用料，又可以降低工程難度。而彩虹橋卻偏要建在一百多米寬的河面上。虹橋若前移二十多米，寬度不足六十米，本可節省大量的人力、物力、財力，而建造者卻選在最寬處，這便是其科學之處。因為在這條河流上，汛期洪水的衝擊力巨大。現在的第一個橋墩的尖面，它記載了八百多年的洪水情況。破水的斧面，已形成鋸齒狀。那是八百年以來，每次漲洪水，把山上木頭帶下來，撞擊橋墩形成的。橋墩破損的最高處，真實記載了歷史的最高水位，幾乎接近橋面。這麼大的洪水，在不足六十米河面上建橋，受到的衝力，破壞力是巨大的。建在最寬處，水流的速度自然會平緩很多，相對來說，是建橋的最安全處。而且橋墩像半個船形，前面半銳如斧面，後面平整，起到分解洪水衝擊力的作用。

其二，簡單的框架式結構，沒有雕樑畫棟，榫頭之間的縫隙大，長廊都不在一條直線上。做工粗糙，說明是普通木匠所建。這樣做，其優點在於橋壞了，用最低的價錢，能隨時便捷找到維

修的木匠。彩虹橋為了做到經濟、耐用，整座橋「吝嗇」到不用一枚鐵釘，榫頭之間用木楔牢固。木楔用橋的邊角料，易於加工，成本低。鐵釘看似堅固，卻極易生鏽，與木頭結合在一起，人在橋上行走，引起橋體的振動，會把木頭磨損，橋就容易鬆動，坍塌。用木楔，幾十年過去，榫頭之間依然緊密牢固。

其三，橋墩之間的跨度是根據洪水的主流速確定的。從美學角度設計，橋墩之間距離相等、對稱，比較美觀。但彩虹橋墩距的最大跨度為十二米八，最小的為九米八，水急與水緩處墩距相差近六米。這種設定，是根據汛期河面洪水的流速變化確定的。河面流速最快的地方墩距較大，有利於行洪；流速最緩的地方，墩距較小，受到洪水的衝擊力就小些。彩虹橋的墩距設計，需要掌握上百年的水文資料，充分體現了古人尊重科學規律的精神。

其四，橋墩條石疊砌得緊密牢固。橋墩是用長短大小不一的條石相鉗在一起，縫隙小，結合的非常牢固，說明當時的石匠技術水準很高。由於橋墩內部是用砂石填充的，長年經受洪水衝擊，裡面的砂石就很容易被淘空，橋墩就會倒塌。要修建一個橋墩難度大，平均水深有四至五米，在八百年前落後的生產條件下，要清到岩基，將上百斤或成噸的石塊砌好，光排水一項，要用幾十台龍骨水車，晝夜不停抽水，方能清到岩基砌條石。因此，當初的建造者想把橋墩做好後，永遠不再重修，做到一勞永逸。橋墩是整座彩虹橋的最精彩部分，歷經八百多年仍然屹立在河面。

彩虹橋不僅構造設計得十分科學合理，而且還擁有其豐富而悠久的歷史文化內涵。唐開元二十八年（740），距今一千二百

六十多年前，婺源建縣時，縣治就設在清華。在古代，彩虹橋的東岸是婺源政治、經濟、文化的中心地帶。兩岸東西，分佈著上百個大小村落。西去的古驛道通往浮梁、景德鎮、波陽的饒州府。東去北上，可以通達古徽州府歙縣。因此，彩虹橋是古代饒州府至徽州府古驛道上的一座廊橋，古代橋上過往的商旅、居民絡繹不絕。清華自古以來就有做善事的習俗，修橋、鋪路、建亭子等。最初，橋上游二十多米處，建有一座木板橋，屢修屢毀，給過往的商旅、兩岸居民帶來很大的不便。清華村一位元樂施好善的胡宏鴻與一位能人胡永班，很想為清華人建一座永久性的橋，但資金與技術兩大難題一直困擾著他們。胡宏鴻為籌集資金，削髮為僧，到婺女廟出家當和尚，取法號濟祥。然後，他雲遊四海，四處化緣，歷盡艱辛，用五年多的時間，籌集到建橋的資金。胡永班為掌握建橋技術，在濟祥雲遊化緣的同時，他背井離鄉，出外學藝，建橋做苦工，歷盡苦難，歷時五年多，偷學到建橋技術——設計、施工、建造。據村譜介紹，從建橋破土到竣工，歷時五年多完成。

關於彩虹橋名字的來歷，相傳在橋將要竣工，封蓋最後幾片瓦的時候，清晨，雨過天晴，陽光透過雲層，照在西邊的山背上，形成了一道亮麗的彩虹。彩虹、廊橋倒映在水中，構成了一幅絕妙的山水畫。濟祥、胡永班與村人見此情景，認為這是吉兆，立即燃放爆竹以示慶賀，取名彩虹橋。彩虹是清華人心目中吉祥、美麗的象徵。以彩虹取名，並不指橋體的外形，它祝願每一位踏上此橋的人，就如同登上一道吉祥、美麗的彩虹，終生都有好運氣。

　　彩虹橋的建成給行人帶來的極大的便利，後人為了紀念修橋
的先賢，便在橋上的廊亭裡安放了三位先人的神龕。中間的一位
是大家熟悉的治水禹王。當地人把禹王看成是鎮水的神仙，有他
在，可以鎮住洪水，保護古橋。右邊為募化僧人濟祥（籌集資金
的和尚）。左邊為創始者胡永班（負責設計、建造橋樑的水利、
橋樑專家）。

　　彩虹橋一帶河水清澈，兩岸風景秀麗。在彩虹橋上游南側，
有「小西湖」景點。明代嘉靖年間，江蘇吳派篆刻家文彭與何震
（婺源人，徽派創始者）同游彩虹橋後，立於河畔石磯，舉目環
視，見山清水秀四處皆景，充滿激情畫意，文彭欣然命筆，在石
壁上留有「小西湖」題刻，現在題刻仍清晰可見。清乾隆五十二
年（1787）進士、工部營膳司兼都水司主事胡永煥有《石橋納涼
雜詩》：「睢陽廟處一燈孤，五老峰前飛夜烏。絕好荷花無一柄，
月明空照小西湖」。小西湖岸邊，生長著兩棵四百年以上的楓楊
柳，相距十多米，在漫長的生長過程中，逐漸長成合抱的姿態，
像兩位情人如膠似漆，含情脈脈，被當地人形象地稱為鴛鴦樹或
夫妻樹。

第三節 ▶ 古塔

　　塔，源於印度，其中一稱「窣堵波」，最早是用來保存佛教
創始人釋迦牟尼的舍利，即身骨，後來也用來保存高僧的遺體或
身骨，是印度僧人的墳。因此，塔是佛教形象化的實物。東漢明
帝永平七年（67），佛教傳入我國，佛塔也隨之進入中國，很快

中國化，佛塔結合中國的建築形成，逐漸演變為仿中國樓閣式的建築形式。所以塔和寺廟一般是聯繫在一起的，而且是先有寺廟後有塔。塔的用途也隨之增多了，但它的功能沒有變，主要是用來存放高僧的舍利子，同時也成為人們登高眺遠、瞭望敵情、導航引渡、裝點江山及美化風景的高層建築。它們建於寺內，築有外簷回廊，穿壁上繞可至頂層。所謂的「九級浮屠」即源於此。江西是佛教聖地，古剎名寺眾多，歷經千年風雨，仍有很多千年古塔矗立在贛鄱大地。

一、贛縣大寶光塔

贛縣，自漢高祖六年（西元前 201 年）設縣至今已有二二○○餘年的歷史，因《山海經》記載：「南方有贛巨人」[63]而得縣名。大寶光塔，就位於今贛縣田村鄉東山村寶華山寺大覺殿內，與寶華山寺內外的千人鍋、千人床、龍王井、出木井、四方竹、千年柏、白果樹、千年棕、倒栽蔥，合稱為「寶華十物」。

大寶光塔俗稱玉石塔，它的始建年代縣誌中有載：「大覺禪師大寶光塔，在縣東北百二十餘里寶華寺，唐長慶四年（824）建，李渤銘，柳公權書。」[64]元和九年（814）歸寂後，初唐憲宗諡大宣教禪師，後又「穆宗皇帝詔諡師曰大覺，塔曰大寶光。

63 （宋）樂史：《太平寰宇記》卷一百五十八，四庫全書本。

64 同治《贛縣誌》卷七《地理志·古跡》，臺北：臺灣成文出版社，1989，第284頁。

江西觀察使薛公仿實主其事」，[65]大寶光塔的名字由此而來。

大寶光塔歷史悠久，自唐穆宗為大覺禪師建始，屢經興廢。在塔立後二十一年，唐武宗「不善西方書，敕海內郡縣悉毀其精祠」，[66]大寶光塔亦隨之被毀。大中七年（853年）唐宣宗適當恢復佛教地位。大寶光塔在法通的化緣下於唐代咸通五年（864年）在寶華寺原塔址上重建，大寶光之號遵舊詔。據舊志中載，法通從師大覺禪師的上足弟子國縱和尚，原居虔州開元寺，是個奇異之人，是他母親七十歲時在睡著的狀態下生下了他。他從小就對佛門感興趣，長大後落髮為僧。宣宗恢復佛教後，法通為了重建大寶光塔，離開了開元寺來到龔公山寶華寺。為了募集資金，他數日不吃不喝，整日默念觀音，感動了山靈，冒出靈泉，使「遠近癱者病者，飲之輒蠲」。[67]遠近鄉民紛紛來寺內求醫，法通得到了許多施錢，一年時間就把大寶光塔重建起來了。法通還請來當時擔任虔州州首的唐技為塔撰寫銘文，請禮部尚書權德輿書丹。

到宋元豐二年（1079），寶華山主持傳法沙門覺顯重立大寶光塔，並書唐唐技碑銘，沙門覺顯還書有《信心銘》，額篆「信心銘」三個字，字徑五寸，銘文共二十一行，每行三十五字，字

---

65 同治《贛縣誌》卷五十《藝文志·金石》，臺北：臺灣成文出版社，1989，第2651頁。

66 同上。

67 同治《贛縣誌》卷五十《藝文志·金石》，臺北：臺灣成文出版社，1989，第2651頁。

徑七分。此後又有多次重修。同治《贛縣誌》載:「明崇禎甲申（1644）巡撫林一柱,啟建梵宇,以居僧通忍,忍之徒超窹,超伊,各以經律文翰自著,有文丈,戒壇,經閣,規制稱盛。歲久傾廢,僧徒寥落。國朝道光乙未（1835年）封職鐘崇階倡捐千餘金,遷建於寺之偏西,前後三楹,而故址遂廢。惟寶光塔獨存。在今寺後,俗稱上下庵,階嘗捐贖僧田數百畝,其後有戒律僧祥慧由粵來,又贖常住田山數處,舊業復振。」**68**

　　抗日戰爭時期,縣城私立幼幼中學遷此地辦學。建國後,曾為田村農業中學校舍,很多建築逐漸廢棄,其中,宋代覺顯禪師塔,明代普同塔,清代朝宗忍禪師塔,諾匕導禪師塔,亞庵禪師等墓塔均在一九五八年被毀。現僅存唐代咸通五年重建的大寶光塔和「唐唐技龔公山西堂敕諡大覺禪師重建大寶光塔碑銘」。

　　寶華山（原名龔公山）,昔為隱士龔亳所棲,為贛南的佛教名山。廣德元年（763）至大曆元年（766）間,馬祖道一往虔州龔公山建立「清淨梵場」,成為虔州一個南禪宗的弘法中心。大覺禪師西堂智藏,俗姓廖,虔化人,七歲出家,十三歲跟馬祖禪師在臨川西裡山,學法七年後,「隨大寂移居龔公山」。**69**據載:「有相者觀其殊表,謂之曰骨氣非凡,當為法王之輔佐也。師遂參禮大寂,與百丈懷海同為入室,皆承印記。」**70**馬祖曾經派他

68 同治《贛縣誌》卷十三《建置志·寺觀》,臺北:臺灣成文出版社,1989,第499頁。

69 （宋）釋贊寧:《宋高僧傳》卷十,四庫全書本。

70 （宋）釋普濟:《五燈會元》卷三,四庫全書本。

向南陽慧忠國師問學，他也曾參禮牛頭宗徑山法欽。他與百丈懷海、南泉普願，合稱洪州門下三大士，其中又以智藏在道一門下時間最長，也最得道一信任，得到道一禪師親付袈裟。在道一過世後，由智藏任西堂和尚，繼續領導僧團，故人稱西堂智藏。

西堂智藏與百丈懷海、南泉普願、大梅法常等都為馬祖道一弟子中的佼佼者。眾弟子以洪州為中心，廣為弘法傳教，形成別具一格的宗風，人稱洪州宗，從而推動了禪的中國化進程。關於西堂智藏，禪學公案中，還有許多有趣的故事，廣為流傳。

而大寶光塔所在的寶華寺也隨著西堂智藏等人的發揚廣大，很快就遠近聞名了。一代儒學大師李翱（鼎州刺史，字習之）曾在貞元年間（785-805）參訪了西堂智藏。據《五燈會元》記載，一天，李翱問僧：「馬大師有什麼言教？」僧說：「大師或說即心即佛，或說非心非佛。」李翱又去問智藏禪師：「馬大師有什麼言教？」西堂智藏用直呼其名的方法回答李氏，李氏應諾，西堂讚歎說：「鼓角動也。[71]」李翱對佛學有一定基礎，對馬祖「即心即佛」、「非心非佛」的教法，也有自己的看法。西堂點醒的只是：馬祖的言教，乃是直指自性。

寶華寺不僅在國內影響深遠，佛教地位甚高，還早已蜚聲海外。九世紀初，中國禪宗開始傳入朝鮮。西堂智藏禪師門下，就有新羅僧道義、慧哲、洪陟等。道義於朝鮮宣德王五年（784），入唐從虔州西堂智藏參學心法，受其法脈。八二二年回國後傳播

71　（宋）釋普濟撰《馬祖一禪師法嗣》，《五燈會元》卷三，四庫全書本。

南宗禪法，成為韓國禪宗迦智山派初祖。洪陟於興德王三年
（828）入唐後，也受學智藏禪法，回國後大力宣傳禪宗教義，
受興德王和宣康太子的信奉，在智異山創實相寺，成為實相山派
的初祖。慧哲於憲宗元和九年（814）入唐，謁智藏於龔公山，
受傳心法印。後又在西州（今新疆吐魯番）浮沙寺學大藏經三
年，回國後在武州桐裡山建逐虻寺，傳授禪法，成立禪宗桐里山
派。他們直接或間接地受到馬祖及其弟子西堂智藏的影響，他們
把中國文化的「禪宗」傳入韓國，開創了迦智山派（道義）、實
相山派（洪陟）、桐里山派（慧哲）等，使禪宗在韓國形成了「禪
門九山」的鼎盛局面。

　　大寶光塔，是座有絕對年代可考的唐代亭閣式墓塔。其建築
工藝，巧奪天工。建築材料為青石結構。整座塔由堅硬的紅褐色
玉石雕成，高四點五米，共七層，正方形，是經幢與房舍相結合
的石塔，分塔基、塔身、塔頂、塔剎四大部分組成。塔基有三層
須彌座組成，各層上下枋，均用層層方角皮條線疊出，每層須彌
座束腰部分挖壺門，底層壺門內浮雕各具形態的獅子，每面四
個；二層浮雕麒麟、鳳凰及卷雲紋；三層浮雕盤膝趺坐的菩薩，
每面五個。塔身坐在一仰蓮座上，中辟塔室，正面開一眼光門，
門兩側各浮雕一尊全身甲冑、手執寶劍的護佛金剛，金剛之上浮
雕人首鳥身飛天。塔身四角用八角倚柱，柱下用鋪地蓮瓣紋柱
礎。柱子有明顯的側腳、升起，並略有梭殺。闌額不出頭，亦不
用普柏枋。斗拱為單枋下昂五鋪作，補間鋪作一朵。塔頂由四坡
屋頂和塔剎組成。屋面平緩、四角稍有起翹，四脊頭有脊獸。用
方椽、蓮花瓦當。塔剎由方座、束腰、八角形闌蓋、寶珠等十一

層組成。

　　塔座底層面積四平方米，由大而小分四層收分，有鼓起的四隻獸足。第二至第四層飾有蓮花紋。第四層為塔沿，第五層為塔身，中開一門，內為仿房廟宇，供奉燒香；門外兩側有一對鍍金守衛小佛，已失。第六層有八朵斗拱支撐的出簷屋頂，第七層為四方形塔剎，上有仰光和傘蓋。塔第五層左山牆外壁上刻有唐元和十五年落款銘文，記載了寺廟歷史沿革。「文化大革命」期間，有些部位被破壞。

　　大寶光塔塔文左七十七字，缺十七字；右三〇七字，缺八十字。額篆「重建大寶光塔碑銘」八字，字徑三寸。碑文共二十四行，每行四十字，字徑七分，行書。該塔造型穩重均勻，雕飾華麗，確為我國唐代石塔中的精品。

　　大寶光塔塔形及建築方式在我國名塔中獨一無二，也極富贛南客家地方風格的建築形式，被譽為「江南第一塔」。

二、吉安本覺寺塔

　　永和鎮地處古廬陵的核心區，在現吉安縣的東部，北距贛中名城吉安十公里，總面積是五十九平方公里。永和鎮是一座風景優美的古市鎮，歷史悠久，文化深厚，曾因經濟阜盛、人文薈萃而聞名遠近，更因吉州窯儼然成為與湖北漢口、廣東佛山齊名的「天下三鎮」之一。而本覺寺塔，就位於此地。

　　本覺寺塔位於吉安縣永和鎮窯嶺曾家村南向百餘米處。本名飛來塔，因其旁邊曾有一座本覺寺，塔屬寺中的一部分，所以又叫本覺寺塔。關於飛來塔，當地傳說有一高僧名叫飛來，他四方

化緣，積蓄了許多錢。當他歸仙以後，為了紀念他，將這筆錢做了此塔，故稱飛來塔。這個傳說有一定的依據，但那位高僧不一定叫飛來和尚。總之，飛來之稱實際是有高僧到此之意。

本覺寺塔，是一座千年古塔。據《吉安府志》記載：「本覺寺在上市，南有塔，唐開元時建。」[72]塔高三十六米，磚木結構，八面九層，第一至第五層中空，有螺旋臺階拾級而上。塔身表面抹灰，無裝飾；塔簷以磚疊砌，挑起；塔剎為黑釉瓷葫蘆。塔身自下而上逐層遞收。塔為本覺寺的一部分，樸實無華，「歷風霜兵燹，巋然猶存」，[73]。在南北朝，由於佛教盛行，在吉州就建有寺觀。到了唐代，形成了許多宗派，而禪宗是其中影響最大的一派。特別是在唐開元二年（714 年）華南寺禪宗慧能六祖分示行思禪師七祖在青原山開設道場以來，在相當長的時間內，青原山成為全國著名的佛教區之一。那時在青原山、吉州城、永和鎮等地，到處寺觀林立，永和本覺寺和本覺寺塔就建于唐代。宋代永和鎮繁華，街道縱橫，商鋪眾多，佛教氣息濃厚，寺塔林立，僧徒眾多，香火鼎盛。本覺寺是當地一有名的古剎，南宋丞相周必大的《文忠集》中，就多次寫到去本覺寺的經歷。《又跋原父貢父仲馮帖》中載：「隆興二年閏十一月二十三日同家兄子友、子中、胡季懷、趙從季觀於永和本覺寺而歸之子澄父。」[74]

72 乾隆《吉安府志》卷五十九《寺觀志》，臺北：臺灣成文出版社，1989，第 5883 頁。

73 雍正《江西通志》卷一百十二《寺觀》，四庫全書本。

74 （宋）周必大：《文忠集》卷十六，四庫全書本。

還有「（隆興元年癸未）（周必大）五月至寧都，省尚氏姊。六月壬午，至吉，寓居永和鎮本覺寺。」[75]《孟媼葬記》中載：「當紹興壬申秋，臥疾於贛，會齊迆返，某與亡弟子柔夜挾媼出城，得舟下廬陵，寓永和鎮之本覺院。其病浸劇，蓋逾時側身而逝。」[76]宋周必大遊本覺寺還曾題「本覺寺塔」門額。今寺毀塔存。一九八四年省撥款對塔進行了整修，現為永和古鎮的標誌性建築之一。

　　位於本覺寺塔旁的永和窯遺址歷史底蘊深厚。永和窯，又被稱作東昌窯和吉州窯，屬江西三大窯廠之一，是江西地區一座舉世聞名的綜合性瓷窯。也是全國古代黑袖瓷生產中心之一，極負盛名。吉州窯創於唐代後期，發展於五代、北宋，極盛於南宋，元初趨於衰落，明代中期一度有小規模的短期生產。而如今的吉州古窯址，位於永和圩西側，自輔順廟至窯門嶺，寬一點五公里，塔里前至林家園長二點三平方公里內，展布二十四座古窯堆，是我國現在保存完好的古名窯遺址之一。

三、信豐大聖寺塔

　　信豐，處南嶺北麓，居贛江之濱，毗粵閩，建縣於唐永淳元年（682）。信豐，山川秀麗，風光旖旎，古有「比屋弦歌」「贛粵閩三省通地」「豐亨之會」的盛譽。舊志載，大聖寺塔「在縣

75　（宋）周必大：《文忠集》卷首，四庫全書本。
76　（宋）周必大：《文忠集》卷三十六，四庫全書本。

治北孝義坊中」[77]，即位於信豐縣城北隅，原孝義坊祝聖寺後（今縣人民政府後院），因一九五四年在塔上發現木雕像上刻有銘文「大聖寺」而知其名。

關於大聖寺塔的始建，舊志上曾有多處記載，但具體歲月年份不詳。據有關專家根據所得資料和大聖寺塔的外觀、結構等，與宋塔的建築特點進行比較後，認定現存的塔為宋塔。另外，寶塔塔名也曾有多次更改：唐貞觀年間，佛教傳入信豐，在寶塔的南面建延福寺，寶塔故名延福寺塔，晚唐時期被毀。北宋元祐二年（1037），楊貫尋原址重修寶塔和大雄寶殿，即現存古塔，距今已有九六八年。明代寶塔更名為祝聖寺塔。明《贛州府志》載：「寶塔寺初名延福寺，今更名祝聖寺，在縣城北孝義坊，中為大雄寶殿，殿後寶塔相傳吳大帝赤烏年造。」[78]康熙《信豐縣誌》稱：唐貞觀年間在縣治北孝義坊，大雄寶殿後有高九層的石塔。乾隆《信豐縣誌》載：「初名延福，在縣治北孝義坊，中為大雄寶殿，殿後石塔高九層。《一統志》曰：信石塔無影，影見則有災，其始見歲月無考，相傳磚石間有字，可識曰：楊貫重修，又殘，有吳赤烏年號，今更名祝聖，凡朝賀拜。」[79]清代晚

77 乾隆《信豐縣誌》卷十六《外志》，臺北：臺灣成文出版社，1989，第924頁。

78 江西省信豐縣誌編纂委員會：《信豐縣誌》《名勝古跡·古建築》，南昌：江西人民出版社，1990，第659頁。

79 乾隆《信豐縣誌》卷十六《外志》，臺北：臺灣成文出版社，1989，第924-925頁。

期，隨佛寺更名為大聖寺塔。

　　大聖寺塔「凌霄矗空，通省無與倫比」[80]，在研究古代歷史和建築藝術上頗有價值。「聖寺後塔高凡九級，每一級另間一小級，高十八級也」，[81]為九級六面樓閣式磚塔，穿壁平座，塔內樓共十八層，有明暗層之分，暗層夾於明層與明層之間。每級設有平座、簷、廊、欄杆、磚疊澀出簷，簷下為磚砌額坊。塔身各角為八棱柱。塔內有藻井並繪有彩繪，塔頂為坊，塔剎由覆盆、相輪、寶珠等組成。塔座占地九十平方米。塔剎頂高六十六點四五米，塔身高五十一點七八米，巍然壯觀。塔身用青磚砌築，底層外牆每面寬五點九米，壁厚三點六五米，內空對角距離為三米，門三實三虛（三面有真門，餘相間的三面則隱出假門），分六面相間設置。門上有平座及腰簷，各層腰簷均為磚砌仿木斗拱，覆以筒瓦。寶塔第九級為重簷塔頂，為生鐵鑄成的半圓形護拱覆蓋，雙飛簷塔頂，全國獨有。底層簷脊之上為第二層平座，平座用棱角牙子三層構成，各層正中為壺門。舊志載：「老人相傳此塔亭亭直峙，山透重霄，因高故不見影也。每於水中，有雲每歲中秋月夜始見影。舊志載入寺觀，因屬縣中第一古跡而拈出。」[82]

　　自古就有「饒穀多粟，人信物豐」著稱的信豐美名萬載，信

---

80 道光《信豐縣誌續編》《古跡》，臺北：臺灣成文出版社，1989，第 33 頁。

81 同上。

82 同上。

豐大聖寺塔至今仍巍然屹立。塔頂風鈴清響，四方作和，它是信豐人民千年的情愫所在，也是 信豐的先人留下來的彌足珍貴的文化遺產。

四、鄱陽觀音堂塔

鄱陽縣古稱番邑、饒州，漢時更名鄱陽縣，史有「舟車四達」「百貨歸墟」「富饒之州」「銀鄱陽」的美譽。歷史名人顏真卿、范仲淹等都曾在此留下千古佳話。山林綿亙，江湖密佈，風光旖旎，名跡盛多。其中觀音堂就是現存於境內歷史悠久的勝跡。舊志載，鄱陽縣「居大江之右，土風勝概，素稱甲郡。郡有禪寺七所，而永福為最也」。[83]觀音堂塔位於鄱陽縣城，初建時名曰永福寺塔，因永福寺左有觀音堂，所以被稱為觀音堂塔。

永福寺「在府治東，梁鄱陽王蕭恢舍宅為寺」，[84]佛寺名稱幾經更改，建寺初為「顯明寺」，「寺建於梁武帝天監元年壬午，帝弟鄱陽王蕭恢母費氏瞽雙目，王祈於佛，復明。遂施王宮為僧寺，名之曰『顯明』」。[85]據稱，當時為感謝鄱陽王孝母，在塔

---

83 江西波陽縣誌編纂委員會：《波陽縣誌》卷二十九《文物勝跡》，南昌：江西人民出版社，1989，第 6 頁。

84 同治《鄱陽縣誌》卷之二十二《雜誌二‧寺觀》，臺北：臺灣成文出版社，1989，第 1795 頁。

85 同治《鄱陽縣誌》卷之十六《藝文志一‧碑記》，臺北：臺灣成文出版社，1989，第 1312 頁。

基埋下兩顆夜明寶珠,「於是遠邇所囑,咸稱郡之有茲塔也」。[86]
到唐代改名曰「隆興」,又曰「大雲」。宋代改名「永寧」,賜甘
露立為戒壇道場。永福寺塔則始建於宋代,「宋天聖二年甲子,
天臺山壽昌寺巡禮僧用言、寶倫二大士,乃於寺東掘土既良,豎
造佛塔一座」。[87]

　　元世祖十三年(1276),饒州路總管侯福生擴建寺院,「至
元十三年,常福生以饒州降授其路總管,建此寺」,[88]「以武功
賜虎符而牧於饒,食邑於茲。侯既老,慕佛氏教,凡寺之異居者
三十有六,侯收並律為禪,遂斥大之。凡營百工並作、越三年而
成,悉侯之力也。」後又首迎鄱陽郡的天宇沃田厚禪師,為開山
第一祖,為永福寺主持。侯逝世之年,雪性村禪師,得寺居之,
成為第二代禪師。他擅長聖像佛典,很有能力,「且繼者皆名譽
碩人,往往卓為諸禪之範也!」[89]元成宗元貞二年(1296),饒
州路治中常元明之母賈氏鑄造銅鐘,用銅料一萬五千餘斤並雜以
金銀等料。其銘曰:「圓其形,範而成,虛其中,扣而鳴,惟園
以虛,鯨怒雷殷,聾昧幽潛,是覺是警。循元返聞妙音,密園隱

86 江西波陽縣誌編纂委員會:《波陽縣誌》卷二十九《文物勝跡》,南昌:
　　江西人民出版社,1989,第672頁。

87 江西波陽縣誌編纂委員會:《波陽縣誌》卷二十九《文物勝跡》,南昌:
　　江西人民出版社,1989,第671-672頁。

88 (清)倪濤《六藝之一錄》卷九十九《書畫之屬》,四庫全書本。

89 江西波陽縣誌編纂委員會:《波陽縣誌》卷二十九《文物勝跡》,南昌:
　　江西人民出版社,1989,第672頁。

隱，億萬斯年。」在寺前六七丈之鐘樓懸掛。天朗氣清、鐘聲愈亮，能聞四十里外。**90** 至正二十二年（1362），雪性村禪師視寺塔有所傾斜，對寺塔進行修葺。修時掘基得玻璃瓶，中貯「甘露」（據謠傳飲之可長生不老），住持禪師雪性村獻於朝，於是禪師得敕賜為「乾元萬壽永福禪師」，始改寺額曰「永福」，並以「甘露」名其門。然修之未畢、師寂而逝。

明朝初年，鄱陽郡的大夫士，視永福大剎不可虛師位。又聽說當時的心鐙紹禪師忠厚、有德有文，特邀之前來住持。心鐙紹禪師也不復辭，於是來寺。明洪武十四年（1381），心鐙紹禪師來寺後首次修葺千佛閣，次年又率寺中耆舊重修三門；次第莊嚴十米的千手千眼菩薩；捏如來等像及鐘鼓樓，百而器備而「獨以佛塔年久頹弊，非薄力之可為也」**91** 心鐙還力勸耆舊善人議相克合，以勘斯躬。「材良工勤、實其交慶、咸際盛運、仰祝皇圖、億萬斯年。」**92** 永福寺自沃田禪師至心鐙歷時十一代，「心鐙由天蓋大剎，領請安而出，往臨川之白楊，旴江之法水，悉彰彰有能聲。」**93** 明嘉靖四年（1525）塔又重修。道光四年（1824），

90 同治《鄱陽縣誌》卷之二《輿地志二·古跡》，臺北：臺灣成文出版社，1989，第 240 頁。

91 同治《鄱陽縣誌》卷之十六《藝文志一·碑記》，臺北：臺灣成文出版社，1989，第 1313 頁。

92 同治《鄱陽縣誌》卷之十六《藝文志一·碑記》，臺北：臺灣成文出版社，1989，第 1313 頁。

93 江西波陽縣誌編纂委員會：《波陽縣誌》卷二十九《文物勝跡》，南昌：江西人民出版社，1989，第 672 頁。

鐘樓圮：「先一時大風、雷雨，鐘飛下落民居，側有木墊之樓，旋圮」。[94]己亥（1875）署知府文海、麟桂倡議復建，庚子（1900）落成。清咸豐三年（1853）七月十四，太平軍兵事焚燒鐘樓及永福寺塔，塔毀其頂，同年俱毀永福寺及寺左元時所建的下院觀音堂。鐘樓銅鐘亦被火爍損，有人提議於省洹取其銅往省鑄錢。清同治四年（1865）由程廉民發心重修、重建寺左觀音堂及塔。故當地亦稱永福寺塔為觀音堂塔。

民國初年，住持大比丘修築院牆，鐫有「永福禪林」廟額。其餘遺址，於光緒三十二年（1906）建罪犯習藝所，旋廢。一九三一年，改建為國民黨鄱陽縣黨部。解放初期，由於各種原因，觀音堂住持及徒眾均被遣散，道場改為總工會。一九七八年，人民政府撥款修葺塔頂、廊簷、石級，加裝欄杆，現已可盤旋登頂遊覽。一九八七年，鄱陽縣在對永福寺塔基清理時，發現一隻無釉白色瓷盒。內盛兩顆明珠。晶瑩剔透、閃閃發光，是鎮塔之寶。經專家鑒定為國家一級保護文物，現被博物館珍藏。

永福寺塔「浚地下三十餘尺，塔基二級、上壘七層，極頂屹立三十餘丈」，[95]八面九級，第四層以上各層平座只用菱角牙和迭澀構成。獨有第二層用斗拱，塔下無基座，塔頂無寶珠，屬於「單拱素枋上，再加上單拱素枋」的建造方式。塔身內空，但平

---

94 同治《鄱陽縣誌》卷之二，《輿地志二‧古跡》，臺北：臺灣成文出版社，1989，第 240 頁。

95 （元）葉蘭：《永福禪寺重修塔記》，同治《鄱陽縣誌》卷之十六《藝文志一》，臺北：臺灣成文出版社，1989，第 1313 頁。

面呈正方形。基深十米，塔高四十二米，占地八十平方米。為樓閣式磚塔，主體結構為青磚和黃泥。塔身八面設有拱券門、柱枋上仿斗拱鋪作、塔角和門頂等用了少許木材，進入塔門，繞每層塔外廊進石梯孔，登梯而上，迴圈登梯，可直至塔頂。塔頂尖凸之下便是翹角飛簷、簷角邊懸有銅鈴、風吹鈴響、清脆悅耳。整座寶塔造型古雅威武、穩重挺拔。從元至元五年（1268）至清同治元年（1862），鄱陽共發生過十一次地震，然而永福寺塔塔身安然無恙。

永福寺塔與鄱陽城外唐代所建的妙果寺塔遙相對峙、鈴聲互映，被稱為古饒州東湖十景之一——「雙塔鈴音」，也被列為鄱陽十景之一。元代才子葉蘭有詩曰：「雙塔凌良宵，風鈴敲夜永。幽香度寒泉，餘音亂秋景。琳琅合天籟，百慮動深省。聽之亦岑寂，獨步菩提境。」

五、浮梁紅塔

浮梁是什麼地方呢？白居易的《琵琶行》裡說：「商人重利輕別離，前月浮梁買茶去。」王敷的《茶酒論》裡曰：「浮梁歙州，萬國來求」，「朝朝出珍品，歲歲進貢茶」，[96]由此贏得了「浮梁之茗，聞於天下」的美譽。這「浮梁」就是今天的景德鎮。另外，浮梁也是名人名僧聚首之地，文化底蘊極其深厚。相傳，浮梁籍的宋代高僧佛印和尚在寶積寺出家時，曾多次來此設壇講

---

96 羅哲文：《中國古塔》，北京：中國青年出版社，1985。

經，並與大文豪蘇東坡、黃庭堅互為答對，吟風弄月，泛舟昌江，留下許多佳話。因此有寶塔入門處「出入有僧皆佛印，往來無客不東坡」的對聯。

紅塔就位於景德鎮市舊城鄉隍嶺，因在古浮梁縣城西，故又稱西塔。紅塔佛名為大聖寶塔，是古浮梁縣的標誌性性建築，素有浮梁「古代城徽」之譽。它也是中國古代七十二名塔之一，江西省境內現存最早的、保存最完整的一座大型古塔，所以也被人們稱為「江西第一塔」。我國古建築專家羅哲文先生在他的著作《中國古塔》中稱讚紅塔：「歷史文化名城景德鎮為著名的瓷都。古浮梁的遺物唯此一高塔為志，至今可貴」。[97]

寶塔前面曾有一座寺廟，叫西寺，建於一千多年前的唐代太和六年（832），宋代建隆二年（961）浮梁縣民黎文表提倡在西寺後面建造一座佛塔，即西塔寺塔。舊志載：「西塔教院，唐太和六年僧度創。塔高一十三丈。宋建隆二年，縣民黎文表倡造」。[98]此後，經過前後七十九年，到宋代康定元年（1040），一座九層高的塔拔地而起，矗立至今。到明嘉靖三十四年（1555），該地更名為漕倉，故塔被稱為漕倉塔。明萬曆三年（1575）塔重修。砌結塔身時用的封磚灰漿是用石灰、糯米漿、紅土壤和砂四種成份混合而成的，年深月久，經過幾百年的風雨

---

97 羅哲文：《中國古塔》，北京：中國青年出版社，1985。

98 康熙《浮梁縣誌》卷之一《輿地志》，臺北：臺灣成文出版社，1989，第 301 頁。

侵蝕，裡面的灰漿中的紅壤不斷外溢，逐漸把整個塔身染成紅色，所以一座青磚塔終於變成了「紅塔」。

紅塔高聳入雲，為樓閣式磚塔，平面為正六邊形，底層邊長為五點二米，各層逐漸向內收進，至頂層邊長的三點七米，塔高從室外地坪到覆盆頂為三十七點八米，磚木結構。塔的每層都用青磚疊澀出簷和外挑平臺，但平臺外側不設護欄。紅塔有六角七層，每面有二朵鋪作，角上有轉角鋪出，除第二層因第一層的門窗較高無平座外，其餘各層均有平座。每層平座設三門，各據一面，餘三面無門。底層壁厚達三米，因牆的厚度大，故塔里形成一條長巷，巷的仰頂，以菱角牙子疊澀構成，有平斜步道。塔心中空，各層均有門至平臺，轉角有磚砌壁柱及仿木簷枋、斗拱，造型優美。塔頂角簷飛翹，鈴鐺作響。整個塔身形象簡潔壯觀，塔內有臺階，緊靠塔壁盤旋而上。

紅塔塔體採用穿壁繞座式結構，登塔方式從而顯得非常特別：先從塔內底層先上一層，然後穿出塔門外，沿著塔外寬度不足五十釐米的平臺繞半圈，再從另一個門進入塔內上臺階登上一層，然後再出來繞半圈。這樣循環往復，最後登臨塔頂。這是中國古代設計的一種特殊的登塔方式。

在浮梁還有許多關於紅塔的傳說，這又增加了紅塔的神秘色彩。相傳元朝末年，朱元璋與陳友諒為爭奪天下而大戰鄱陽湖。有一次，朱元璋落敗，便沿昌江退到鄱陽東隅的浮梁縣城，躲到紅塔頂上。陳友諒帶追兵進縣城搜查，考慮到一是佛塔乃佛教聖地，一般兵家不進入；二是朱元璋當時進入塔時是伏地爬進去的，塔門上的蜘蛛網沒有被弄破（又一說法是朱元璋進入塔內

後，塔周圍的蜘蛛又迅速將網織好），追兵認為沒有人進塔。因此沒有上塔頂搜查，自然沒有搜到朱元璋，於是就撤兵走了。朱元璋從塔頂下來後，當地百姓送灰水粑（城水粑）給他作乾糧（從此浮梁縣的城水粑成了地方有名的特色食品）。朱元璋乃屠夫出身，有義氣，又當過和尚，加之這次在紅塔中躲過一劫，因此對塔更是有一種特殊的感情。所以他後來當了皇帝以後，曾告訴自己的子孫：浮梁有座破爛不堪的塔救過他的命，由於他慌張逃命，沒有看清塔名，只記得是紅色的塔。後來還派使臣到浮梁，把這座使他死裡逃生、逢凶化吉的寶塔奉為「大聖寶塔」，塔頂覆盆上鑄有「大聖寶塔」四字銘文。到了朱元璋的第九代孫子，萬曆皇帝朱翊鈞登基第三年（1575），從國庫撥專款重修紅塔。按常規，寺塔是靠僧人化緣或信徒香客們捐助而修建的，國家不出錢修建寺塔，而這次屬於特例。從中可見它與皇室之間的一種特殊關係。

　　古塔一柱巍然，昂立舊城，環青山且倚綠水，插雲天而矗千年。每當夕陽斜照，紅塔那雄偉的身影就呈現一片殷紅的光輝，像火炬高舉，又似一支巨大的紅燭點燃在天際。西塔夕陽成為「浮梁縣八景之一」[99]。此時高大的塔影投入鄰近的蓮荷塘中，景致絕妙，正如舊志載：「古西教院塔，其影遠在蓮荷塘，夕陽西照，光影映徹」[100]。歷代文人登臨題詠甚多，明代宣德元年

---

99 康熙《浮梁縣誌》《古跡》，臺北：臺灣成文出版社，1989，第 198 頁。

100 康熙《浮梁縣誌》《古跡》，臺北：臺灣成文出版社，1989，第 199 頁。

任浮梁知縣的曾鼎曾作《西塔夕照》一首，贊其曰：「巍峨雁塔
倚虛空，鈴鐸聲傳十里風。絕頂曾藏金舍利，閑階倒栽玉芙蓉。
光連霄漢雲天外，影浸池塘夕照中。步履登臨遙望處，江山如畫
興無窮。」若春和景明或秋高氣爽，更有「文照勝朝暉，紫煙連
霄漢」的非凡氣勢。登臨塔頂，極目遠眺，遠處群山疊嶂，竹浪
松濤碧四野，俯瞰昌江如銀練飛繞，美不勝收。「新平冶陶，始
於漢室」的瓷都風光，真乃「長憶浮梁風景好，赤欄杆外柳千
條」，一切美景盡收眼底，美不勝收，當是另一番情境。紅塔是
座具有中國古塔特殊風格和江南建築特色的宋塔，它歷經千餘年
歷史，目睹無數滄桑，至今仍巍然聳立在昌江河畔，是古老浮梁
的象徵，是浮梁歷史的見證。

六、石城寶福院塔

　　石城縣位於江西東南部閩贛邊巍峨蒼翠的武夷山脈西側。石
城歷史悠久，自古以來就是江西進入閩西粵東的必經之地，素有
「閩粵通衢」「客家搖籃」之稱，被譽為「祖根中原地，搖籃客
石城」。這裡有著深厚而豐富的歷史文化底蘊，且風光旖旎。

　　寶福院就位於石城縣河東。南宋大中祥符年間建，大觀四年
庚寅（1110），僧應可修。元至正二十年庚子（1655）被毀。「順
治十二年（1655）乙未，石城知縣郭堯京重修」，**101**「楚都兵有

---

101 乾隆《石城縣誌》卷三《寺觀》，臺北：臺灣成文出版社，1989，第
271頁。

強市者，為之平其價值，卒以不擾流民還，輯即建衙署、修保福寺」，[102]乾隆十六年（1751）知縣馬尹奇在寶福院祈雨獲得應驗，因此便與當時的典史朵文元、邑紳熊承統等倡議捐款重建寶福院。史載：「寶福院在石城縣東南，隔溪，寶福塔之下。宋大中祥符建，大觀四年僧應可修，元毀。明洪武三年僧明海重修。」[103]

寶福院塔位於縣城東南二〇〇餘米處寶福院後，與縣城隔江相望。關於寶福院塔的始建年份今尚無確切時間。舊志載：「宋大觀四年，僧應可募建。塔中疊級層樓，外繞欄檻，後經寇毀，樓檻一空。其磚旁識『崇寧壬午』四字。按宋徽宗崇寧元年壬午至大觀四年庚寅凡九年，大約始建於崇寧，落成於大觀庚寅，歷今六百餘年矣。」[104]又因寶福塔在縣東南，臨河，寶福院之後，舊志載：「大觀四年僧應可募……建塔有瓦栱欄楯，未審何年被焚及墮其鐵頂。今一層八面，積落磚，出其磚有先印『崇寧壬午四年』，然後付陶者甚多。按徽宗宋崇寧元年壬午至……改號，大觀四年庚寅凡九年，大約肇建……九年，落成於大觀四年庚寅也。又按崇寧元年壬午。今順治十三年丙申，計五百五十五

102 乾隆《石城縣誌》卷四《官師志》，臺北：臺灣成文出版社，1989，第 441 頁。

103 雍正《江西通志》卷一百十三《寺觀》，四庫全書本。

104 乾隆《石城縣誌》卷三《寺觀》，臺北：臺灣成文出版社，1989，第271 頁。

年」[105]因此，今暫取始建於宋徽宗崇寧元年（1102），落成於大觀四年（1110）的說法。有關部門曾到寶福院塔上查其塔磚，發現外壁有多處彩繪，「崇寧壬午」「僧道符立」字樣和捐贈磚者姓名的銘文，底層亦有「應可」磚記，然而「應可」、「道符」之事尚有待於考查。

　　寶福院塔是一座江南樓閣式佛塔，塔身七級六面，竹節鋼鞭形。磚木結構，高五十餘米，底層對邊直徑十米，對焦直徑十二米，內空直徑二點六米，牆厚三點七米，牆外邊長五點六米，自下而上逐級微收，可繞平座穿壁而上塔頂，高而不危。各級有明暗之分，平座和簷下均有磚砌的額枋、斗拱等仿木結構。每級有門六扇，三開三閉。塔頂原有鐵剎，高級十米，被風吹落。各層原有樓檻，上覆飛簷，雕刻繪畫，壯觀華麗。簷角懸掛銅鈴，風吹鈴動，鐵馬叮咚，聲波江城。可惜元末毀其樓檻，後又屢遭兵燹，容顏盡失。木質塔心柱已黴壞，塔剎已倒毀，塔頂已透天，僅剩一個完整無損的生鐵鑄造的覆盆。覆盆外壁上，陽文鑄就有捐奉者的姓名，清晰可辨。塔原有大回廊，已不存在。因年久失修，風化嚴重，一、二層裂縫，四、五層北面通道倒毀較多，塔身稍向東北方傾斜，重心自然向北移成十五度夾角，結構嚴謹，工藝精巧，造型獨特，既保存了盛唐的遺風，更有典型的大宋風格。

---

105 乾隆《石城縣誌》卷三《寺觀》，臺北：臺灣成文出版社，1989，第175頁。

民國初年在寺左增建玉皇壇，至此，該寺成為佛寺、佛塔、神壇三位一體的建築群，之後該寺幾經毀興。民國二十年（1931）寶福寺被拆毀，後由比丘尼募化重建。一九三六年全國名僧印慈法師主持該寺，重塑佛像，親自前往上海請來《大藏經》，寺院煥然一新。「文革」時期，寺內塑像被毀，房屋被縣木螺釘廠佔用。中共十一屆三中全會以後，寶福寺歸還縣佛協會所有，又重建大雄寶殿、玉佛殿、念佛堂、僧房，寺內香火興旺。二十世紀八十年代後期，由縣文化部門牽頭修寶福塔，塔寺相輝映，更添寺院景色。二〇〇六年五月二十五日經國務院公佈，寶福院為全國重點文物保護單位。

寶福院塔作為我國保存不多的北宋古塔之一，又因塔與縣城北太極觀前聶家潭相隔僅五里，故有「塔影江心」的說法，成為著名的古琴江八景之一。舊志載，「潭水瀠洄澄碧，與南郊之寶福院塔遠隔五里，塔影宛在潭底。」[106]昔時江潭闊大，波光浩渺，天光水色，地上風物，融於一潭，確成佳景。清代舉人溫輔袞曾作詩《塔影江心》一首，稱讚道：「數里迢遙故擅奇，神工巧奪影離離。晶盤倒撐柱千尺，銀漢輕搖玉一支。直擬槎浮波上下，不關錫掛印參差。何年雁落秋江冷，卻喜峰前曷未移。」[107]後人多有到寶福院遊玩、避暑的，清廩生黃韶曾到此，並留下一

---

106 石城縣縣誌編輯委員會：《石城縣誌》第七卷《藝文》，北京：書目文獻出版社，1989，第 480 頁。

107 石城縣縣誌編輯委員會：《石城縣誌》第七卷《藝文》，北京：書目文獻出版社，1989，第 593 頁。

首《寶福寺避暑》詩：「辭喧獨處畏將迎，暫憩精藍夢亦精。暝色新添雲欲下，桐心初定鳥無驚。山泉乍冷求先覺，野寺未寒鐘有聲。深夜一燈隨靜照，滿池煙雨石苔平。」[108]登臨塔頂，極目遠眺，遠近山川，江城風貌盡收眼底，飛簷重疊，古樸雄渾，光彩燦爛，夜靜風清，鐵馬鐘磬，聲繞城廓。

第四節 ▶ 亭臺樓閣

一、煙水亭

煙水亭位於九江市長江南岸的甘棠湖堤上。甘棠湖是位於古德化縣南（即現九江市市區內），面積約八十公頃，南倚廬山，北瀕長江。甘棠湖原名景星湖。唐代，李渤在長慶元年（821）任江州（現九江市）刺史，他見江州被景星湖分成東西兩半，行人不便，便在湖心築了一條長四〇〇〇米的大堤以方便行人，人稱李公堤。李渤在江州為百姓辦了不少好事，江州百姓為懷念他，把湖名改為甘棠湖。《大清一統志》載：「唐長慶二年，刺史李渤，徑湖心為堤，長七百步，人不病涉又立斗門以蓄泄水勢，人懷其德，因名甘棠。」[109]

---

108 石城縣縣誌編輯委員會：《石城縣誌》第七卷《藝文》，北京：書目文獻出版社，1989，第 595 頁。

109 《大清一統志》卷二百四十四《九江府》，四庫全書本。

　　宋代理學家周敦頤在九江講學時，在湖堤上建亭，取白居易《琵琶行》詩中「別時茫茫江浸月」的詩意，名曰「浸月亭」。後來，周敦頤的兒子周壽從湖南來到江州為父守墓，見甘棠湖一帶薄煙朦朧，於是「取山光水色薄籠煙之義為名焉」，[110]改名為煙水亭。明萬曆二十一年（1593），九江關督黃騰春於故址重建煙水亭。《德化縣誌》記載：「萬曆癸巳，地官員外郎恬堂黃公承旨來司關事，榷舟之暇，遍覽湓浦之景。見甘棠湖堤翠柳浮煙，黃花蔽野，詢之則前亭故墟也，乃謀之郡守諸公，以課中羨餘，培土塘基，取材鳩役，甃石為台，構亭一座，華堂三間。」[111]正統間，德化知縣馬驄，以學校農桑為務，嘗修甘棠堤，作煙水亭及新濂溪祠。[112]清順治十七年（1660）巡道崔掄奇重修，並建五賢閣於亭後。康熙五十九年「員外郎崔君正誼司榷來潯，集工度木，構亭及樓，咸復舊規」。[113]此後，有多次重修，其中，乾隆十五年（1750）巡道李根雲複於亭右建眾妙亭，翠昭軒。至清光緒間，煙水亭建築才形成現在規模。後年久失修，直到一九七二年‧全面維修，並在其左側建九曲橋一座，自湖岸蜿蜒接於亭上，從此結束遊人乘舟的歷史。

　　煙水亭是本城民眾祭祀先賢的香火之居。五賢閣內紀念的五

110 （明）李賢等：《明一統志》卷五十二《南康府》，四庫全書本。

111 同治《德化縣誌》卷七《地理‧古跡》，臺北：臺灣成文出版社，1970，第 109-110 頁。

112 雍正《江西通志》卷六十四《南康府》，四庫全書本。

113 《江西通志》卷四十二《九江府》，四庫全書本。

位先賢是：田園詩人陶淵明，江州刺史李渤，江州司馬白居易，宋明理學大師周敦頤、王陽明。亭子石級兩邊有石鑿藏劍匣，有納峰藏劍之意。[114]相傳因為廬山北雙劍峰之刃直對九江市，常給九江人帶來災難，於是人們從風水的角度在亭子兩邊鑿石匣收藏。古書記載：「郡治之前，對康廬，有峰曰雙劍。乾道間，蜀人唐立方為守。謂翰實屠城，而李成等寇亦嘗入郢殘其民。取陰陽家說，意劍所致，乃辟譙樓前地築為二城。夾樓矗其上，謂之匣樓，曰：匣實藏劍。江人相勸成之，有日者過其下曰：是利民而不利於守，立方聞之，不以為意。居一年果卒官，其異如此。」[115]現石匣鑿於清同治十二年（1873），為知縣陳鼐擴建煙水亭時所鑿。

甘棠湖是古人向南眺望廬山的佳處，湖中煙水亭更是「士大夫詠游處」。[116]亭內曾有風格各異的楹聯匾額，或敘事繪景，或寫意抒情，聯由景出，文景交融，遊亭觀聯，雅趣盎然。清乾隆十四年（1749），九江關督唐英「遠慕高風，長課士煙水亭上」，並撰有一聯：「道是當年舊煙月；好將勝地記湖山。」光緒年間（1875-1908）德化縣令羅廣煦撰有：「才識廬山真面目，且將湖水洗心頭。」光緒年間（1875-1908）住亭道人雷寄雲撰有「軒窗遠渡雲峰影，幾席平分月漾光」一聯。亦有許多慕名前往的文

---

114 （宋）岳珂《九江郡城》，《桯史》卷八，四庫全書本。

115 （宋）岳珂《九江郡城》，《桯史》卷八，四庫全書本。

116 雍正《江西通志》卷四十二《九江府》，四庫全書本。

人墨客在此吟詩作賦。其中最早詠吟的詩歌，當算南宋時期王阮與王質的《回文聯句》，二王齊名於南宋文壇，所作唱和詩題全名為《避暑煙水亭與王景文回文聯句一首》詩云：「顏舒且對清樽酒（王質），晝永方濃翠帳蔭（王阮）。環佩響溪寒浪急（王質），畫圖藏谷繡煙深（王阮）。斑生石潤苔紋亂（王阮），碧度雲飛鳥影沉（王質）。閑館邃風來迴野（王阮），隔林斜日轉疏林（王質）。」[117]清崔掄奇的《煙水亭》：「數楹再構碧湖間，不負登臨一水閑。秋接溢城同落葉，雲來匡岳似登山。清波欲引江聲入，小艇時依塔影還。在昔清風猶未遠，好將樽酒更開顏。」[118]也是其中的佳作。

二、琵琶亭

　　琵琶亭原坐落於九江府城城西長江之濱古湓浦口，「江州琵琶亭，天下古今一大名勝也，其地介於匡廬潯水間，為遊覽者所必至。」[119]亭因唐代著名詩人白居易在此送客巧遇見琵琶女並賦長詩《琵琶行》而得名。

　　唐憲宗元和十年（815），白居易因得罪權貴，被貶為九江郡司馬。「明年秋，送客湓浦口，聞舟中夜彈琵琶者。聽其

---

117 （宋）王阮《避暑煙水亭與王景文回文聯句一首》，《義豐集》，四庫全書本。

118 同治《德化縣誌》卷七《地理‧古跡》，臺北：臺灣成文出版社，1970，第112頁。

119 雍正《江西通志》卷一百三十五《藝文》，四庫全書本。

音，錚錚然有京都聲。問其人，本長安倡女，嘗學琵琶於穆、曹二善才；年長色衰，委身為賈人婦。遂命酒，使快彈數曲，曲罷，憫然。自敘少小時歡樂事，今漂淪憔悴，轉徙於江湖間。予出官二年，恬然自安，感斯人言，是夕始覺有遷謫意。因為長句，歌以贈之。凡六百一十二言，命曰《琵琶行》」。[120]這就是《琵琶行》這篇千古絕唱的由來。此後，江州人民為了紀念這位詩人，在其「潯陽江頭夜送客」處興建了琵琶亭。

千餘年來，琵琶亭屢建屢毀。宋人劉攽《中山詩話》載：「江州琵琶亭前臨江，左枕湓浦，地尤絕勝。」[121]此為至今為止發現記載琵琶亭的最早史料。明朝萬曆四十一年（1613），兵道葛寅亮別創潯陽驛西，尋毀。後又重建於城東老鸛塘。雍正七年，副使劉均重建於湓浦口故址。乾隆十一年（1746）九江關督唐英重修琵琶亭，於左建樓。清咸豐三年（1853）琵琶亭毀於戰亂，宣統二年，有人在遺址上建「宣化宮」，將「古琵琶亭」石匾嵌在廟門上，文革期間遭毀。一九八八年春，九江市人民政府重建琵琶亭。

琵琶亭為古潯陽之勝跡，是到此的文人墨客必遊之地，也是詩人題留的勝地。「古今冠蓋士夫騷人墨客，豔其事，訪其跡者，率寄之謳吟憑弔，佳篇名句，不翅春花秋卉之蕃茂矣。」[122]

120 雍正《江西通志》卷一百五十《藝文》，四庫全書本。

121 （宋）劉攽：《中山詩話》，四庫全書本。

122 （清）唐英《關督唐英記》，載康熙《德化縣誌》卷七《地理・古跡》，臺北：臺灣成文出版社，1989，第102頁。

自唐以來有許多著名文人憑弔古琵琶亭的詩文，名篇佳作不絕於詩壇。《說郛》中記載：「江州琵琶亭前臨江，左枕湓浦。地尤勝絕。夏、梅詩最佳。夏云：年光過眼如車轂，職事羈人似馬銜。若遇琵琶應大笑，何須涕泣滿青衫。梅云：陶令歸來為逸賦，樂天謫宦起悲歌。有弦應被無弦笑，何況臨弦泣更多。又有葉氏女詩曰：樂天當日最多情，淚滴青衫酒重傾。明月滿船無處問，不聞商女琵琶聲。」[123]宋王安國題有《琵琶亭》詩：「夜泊潯陽宿酒樓，琵琶亭畔荻花秋。雲沉鳥沒事已往，月白風清江自流。」[124]歐陽修也題有：「九江煙水一登臨，風月清含古恨深。濕盡青衫司馬淚，琵琶還似雍門琴。」[125]

三、大余牡丹亭

大余是江西南面最要的門戶，「大余為江西上游之屏藩，猶九江為江西下游之戶也」。[126]這裡又是古南安府治所在地，名揚天下的牡丹亭就坐落於大余縣城東北古南安府衙的後花園中。

古南安府衙後苑與牡丹亭始建於何年代，史無詳載。周建華

123　（元）陶宗儀：《說郛》卷八十二，四庫全書本。

124　（宋）王安國：《琵琶亭》。（宋）江少虞撰《事實類苑》卷三十九，四庫全書本。

125　（宋）歐陽修：《琵琶亭上作》，《江西通志》卷一百五十七，四庫全書本。

126　民國《大庾縣誌》卷一《輿圖志‧序》，臺北：臺灣成文出版社，1989，第4頁。

的《光照臨川筆，春分庾嶺梅——解讀古南安「牡丹亭」的遺跡》一文研究表明，[127]唐以後牡丹成為國花，北方到處都有，南方由於氣候的影響和栽培技術的局限，較為罕有。明初，在北方花農的幫助下，牡丹花在南安府栽種成功。從此，牡丹花成為奇花珍品，府縣地方官員，為了附庸風雅，便在府衙後建起了一座亭，名曰牡丹亭，慶賀牡丹花開，設賞宴。後來，牡丹亭逐漸擴建為後花園。

有著悠久歷史的牡丹亭，歷經滄桑，迭經興廢。舊志中載：「牡丹亭亭久廢，光緒元年知府楊錞重建。」[128]從光緒六年（1880）至民國七年（1918）中，牡丹亭又修葺達六次之多。舊志中有詳實的記載：「光緒六年知府林載亨修整牡丹亭、綠陰亭、留春室，又勒其兄肇元寄題蕉龍二大字於蕉前；十一年知府何煥章修葺並新牡丹亭；十二年知府周浩重修牡丹亭、綠陰亭、舒嘯閣、玉池精舍、杜麗娘墓、吟風弄月台，並新又蕭船，新增建層樓，扁曰船屋；十八年以後，知府姜秀瀾、何剛德又相繼修葺；二十七年知府文炳重修；民國元年改為縣署；七年修牡丹亭知事吳寶炬也。」[129]後苑幾經修葺擴建，增添數處亭舍池閣以及麗娘塚，

127 詳細論述可參考周建華：《光照臨川筆，春分庾嶺梅——解讀古南安「牡丹亭」的遺跡》，《撫州師專學報》，2003年第4期。

128 光緒《南安府志補正》卷二《公署》，臺北：臺灣成文出版社，1989，第114頁。

129 民國《大余縣誌》卷三《公署》，臺北：臺灣成文出版社，1989，第228頁。

梳妝檯等景致，逐成「花園十景」，令人扼腕。牡丹亭屢建屢修，一九三一年一月，紅軍火焚南安府衙時，延及牡丹亭而毀於一旦，後西華山鎢礦廠於舊址建招待所。

牡丹亭建築精巧，清新典雅，舊為府衙「花園十景」之最。據縣誌記載，牡丹亭建在後花園的土墩上。亭為八角形，雙重簷，下簷大於上簷。十六只簷角飛翹，勢若淩空。葫蘆寶頂分出八道頂脊與簷角相連，青瓦蓋頂。重簷之間鑲亞字形花格窗櫺，底層內外各八柱，正門懸「牡丹亭」匾額。外八柱四周有「卍」字紋欄杆。內八柱之間有隔扇，隔扇上都為亞字形花格窗。亭內外漆以黃色，柱為紅色。亭梁采繪，字紋欄杆，綠色琉璃覆頂，葫蘆瓶頂，十分壯觀。新修後正對面亭眉懸掛有曹禺題「牡丹亭」匾，正北面亭眉懸掛沙孟海題「牡丹亭」。內外柱有楹聯兩幅，其一為清錢塘許庚身題：「光照臨川筆，春分庾嶺梅」，[130] 其二為清楊鏴題：「辟徑又栽花，想見瑤台月下。新亭仍舊址，非關玉茗風流。」[131] 亭高六點六六米，面積約二十平方米。距離不遠處，還有後人附會建就的梳妝檯，麗娘塚等。《南安府志補正》卷尚有線畫留存。

現在的牡丹亭位於大余縣城東南山青水秀的東山之麓，章水之濱，為二十世紀九〇年代重建。亭基為花崗岩石塊精砌而成，

---

130 大余縣誌編纂委員會：《大余縣誌》，海口：中國三環出版社，1990，第576頁。

131 同上。

基高二米。台基之上為牡丹亭，其結構形式如舊，但規模擴大，亭高八點二米，包括亭基，則有十米以上。

　　牡丹亭之所以名聞於世，不僅由於建築精巧，錯落有致，具有較高的藝術價值，且與明代大戲劇家湯顯祖所創作的名劇《牡丹亭》（即《還魂記》）的廣為流傳有著密切的關係。湯顯祖於萬曆十九年（1591）因彈劾大學士申時行，被貶為廣東徐聞典史，行經南安府大余縣時不僅目睹了牡丹亭的美景，還聽到梅樹寄情、麗娘還魂的故事傳說。明萬曆二十一年（1593），申時行下臺，湯得以調升浙江遂昌知縣，北返時又經南安，因水涸待舟而滯留月餘，此間於南安景中駐足，潛憂縱懷。正是此行，觸發了湯公的創作欲望。明萬曆二十六年（1598），湯顯祖棄官告歸，絕意仕宦，筆耕以終老。以還魂故事為主線，寫下臨川四夢之一的《牡丹亭》。湯顯祖的《牡丹亭·驚夢》一折中就描述到：麗娘在府衙後花園遊玩困倦，回到閨閣昏昏入睡，夢中與柳生相會。麗娘醒後，因傷感而致死，葬於梅樹下。三年後，柳生因趕考赴京，不幸病倒在南安，被陳最良救起，暫在道觀養病，一日閒遊府衙後花園，偶爾在太湖旁拾得麗娘畫像，深為愛慕。之後柳生挖開墳墓，使麗娘得以回生，兩人結為夫妻。《牡丹亭》是被公認為是臨川四夢中最著名的一夢，他本人也十分得意，曾說：「一生四夢，得意處惟在牡丹」，[132]清人沈德符《顧曲雜言》

132　（明）王思任：《批點玉茗堂牡丹亭詞序》，（明）賀複徵編《文章辨體匯選》卷三百二十七，四庫全書本。

中稱讚該作品：「湯義仍《牡丹亭夢》一出，家傳戶誦，幾令《西廂》減價」。[133]

牡丹亭建築雅致，自古為文人墨客筆下的鍾情之物。《明一統志》載：「牡丹亭在府治舊園，郡守吳育詩詠甚多，劉敞詩最工，嘗有輕黃金綴縷，凝碧玉鐫瓶之句」。[134]據縣誌載，民國劉人俊《牡丹亭》也有對牡丹亭形象的清晰描述：「亞字窗櫺卐字欄，牡丹亭子色流丹。已空珸瑁梁中燕，猶憶菱花鏡中鸞。富貴繁華前世定，神仙眷屬再生看。如今菊部傳遺曲，留下當時疑一團。」[135]民國吳寶炬有詩贊云：「美人因此笑憑欄，不料良媒誤牡丹。摘豔光寒亭上月，還魂影合鏡中鸞。夢梅夢柳三生石，憐我憐卿一樣看。到底有情成眷屬，花開富貴蝶成團」。[136]

四、潯陽樓

潯陽樓位於江西省九江市區九華門外的長江之濱，因九江古稱潯陽而得名。初為民間樓閣，至今已有一二〇〇多年的歷史。具體的始建年代已不可考。潯陽樓之名最早見之於唐代江州刺史韋應物的詩中。「初罷永陽守，復臥潯陽樓。懸檻飄岑雨，危堞浸江流。逮茲聞雁夜，重憶別離秋。徒有盈尊酒，鎮此

---

133 （明）沈德符：《顧曲雜言》，四庫全書本。

134 （明）李賢等：《明一統志》卷三十一，四庫全書本。

135 大余縣誌編纂委員會：《大余縣誌》，海口：中國三環出版社，1990，第 571 頁。

136 同上。

百端憂。」[137]隨後，白居易在《題潯陽樓》詩中又描寫了它周圍的景色，「大江寒見底，匡山青倚天。深夜湓浦月，平旦香爐煙。」[138]

而真正使潯陽樓出名的是古典名著《水滸傳》。讀過《水滸傳》者，莫不知潯陽樓。而潯陽樓，也因宋江醉題反詩而聞名天下。施耐庵在《水滸傳》中《潯陽樓宋江吟反詩 梁山泊戴宗傳假信》一回中對潯陽樓寫道：宋江看見那一派江景非常，觀之不足。一座酒樓牌額上有蘇東坡大書「潯陽樓」三字。宋江來到樓前看時，只見門邊朱紅華表，柱上兩面白粉牌，各有五個大字，寫道：世間無比酒，天下有名樓。上樓憑闌舉目看時，端的好座酒樓。但見：「雕簷映日，畫棟飛雲。碧欄杆低接軒窗，翠簾幕高懸戶牖。消磨醉眼，倚青天萬迭雲山，勾惹吟魂，翻瑞雪一江煙水。白蘋渡口，時聞漁父鳴榔；紅蓼灘頭，每見釣翁擊楫。樓畔綠槐啼野鳥，門前翠柳繫花驄……」宋江看罷，喝采不已。施耐庵在《水滸傳》中，將當年的潯陽樓描繪得何等壯觀絢麗。《水滸傳》中所寫的宋江，在幽囚於此之後，又曾獨酌此樓，酒後疏狂，抒寫鬱悶，斷然題下「他日若遂淩雲志，敢笑黃巢不丈夫」的「反詩」，於是引出那段千年傳奇。

---

137 （唐）韋應物：《登郡樓寄京師諸季淮南子弟》，載《文苑英華》卷三百十二，四庫全書本。

138 （唐）白居易：《題潯陽樓》，載《江西通志》卷四十二《古跡》，四庫全書本。

　　宋代關於潯陽樓的資料，九江民間有很多傳說，如蘇東坡醉題「潯陽樓」。相傳元豐年間，蘇東坡遊廬山時路過九江，來到潯陽樓飲酒。酒過數巡，不覺微醉。蘇東坡有個習慣，喝了酒就要乘興作詩題字，酒家知道後，借機索請大詩人、大書法家題寫招牌。蘇東坡欣然命筆，題寫了「潯陽酒樓」四個大字。寫成後有人不慎將酒盅碰翻，將其中的「酒」字濕掉，此後只剩下「潯陽樓」三個大字了。[139]清代詩人、康熙年間兵部侍郎佟法海有潯陽樓詩：「琵琶一曲斷腸聲，觸撥當筵謫宦情。為語江州白司馬，留將眼淚哭蒼生。」[140]我們也可以從中看出，潯陽樓至清代猶存，且頗具規模。潯陽樓最後一次毀於何時，文獻中沒有記載。一九八七年九江市人民政府重新修復。

　　潯陽樓是歷代文人騷客宴游之地，題詠甚多。唐白居易詩：「嘗愛陶彭澤，文思何高玄。又怪韋江州，詩情亦清閒。今朝登此樓，有以知其然。大江寒見底，匡山青倚天。深夜溢浦月，平旦爐峰煙。清輝與靈氣，日夕供文篇。我無二人才，孰為來其間。因高偶成句，俯仰愧江山。」[141]宋蘇轍詩：「溢江暮雨晴，孤舟暝將發。夜聞胡琴語，輾轉不成別。草堂寄東林，雅意存北

---

139 梁秋玲：《潯陽樓》，九江市立信印刷廠印刷（內部資料），2005 年，第 5 頁。

140 （清）沈德潛：《清詩別裁集》卷十八，北京：中華書局，1975 第 17-24 頁。

141 （唐）白居易：《題潯陽樓》，載《白氏長慶集》卷七，四庫全書本。

闕。潸然涕泗下，安用無生說。」[142]元龍麟洲詩：「老大嫦娥負所天，忍將離恨寄哀弦。江心正好看秋月，卻把琵琶過別船。」[143]

五、九江鎖江樓

位於九江市東北郊長江南岸，原有一組古建築，由江天鎖鑰樓（鎖江樓）、文峰塔（回籠塔）以及四尊鐵牛等許多附設建築組成，現僅存鎖江樓塔。

鎖江樓始建於明萬曆十三年（1585），九江郡守吳秀根據當時陰陽家的推斷，籌集民間款項，彙集高師名匠，在臨江的回龍磯上興建了鎖江樓、閣、塔等建築，樓旁鑄有四尊鐵牛，歷時十八年才竣工。鎖江樓全廟聿新樓功告竣，江州下游巨觀也。拾級登樓，樓如前而爽塏，倍增根祇愈固。其堅如竹之苞也，其密如松之茂也。下臨江濱則秩秩斯干也，遠邑盧秀則幽幽南山也。出樓門周欄遠眺，西北一帶空闊無際，江水蒼茫，林樹杳靄，相傳天晴時可以望見漢口。[144]樓當時叫江天鎖鑰樓，塔叫文峰塔，因建在回龍磯上，故欲稱回龍塔。後因那時江州民眾常被長江洪水所害，為鎖住長江興水患的孽龍，永保風調雨順，於是祈求於神靈，而樓和塔均改名「鎖江」，即鎖住不馴服的江水。故清康

---

142 同治《德化縣志》卷 7《地理‧古迹》，臺北：臺灣成文出版社，1970，第 111 頁。

143 同上。

144 （清）吳鳴鳳：《鎖江樓落成記》，載同治《德化縣誌》卷七《地理‧古跡》，臺北：臺灣成文出版社，1970，第 116-117 頁。

熙年間舉人李尚清（字子襟、雪瀑，瑞昌人）有詩云：「楚水沅
潹漸入吳，層樓重影塔峰孤。憑欄目送時千里，不知長江鎖住
無？」[145]因「鎖江樓榆墩集自琵琶亭址右數百步為回龍塔，其
左有鎖江樓」，[146]且位於「長江水濁湖水清，石鐘濤擊鯨魚鳴」
的石鐘山下游，因此自古以來就成為眾多文人墨客遊玩的勝地，
留有大量的題詠。清人丁煒的《登潯陽鎖江樓懷古》：「荒城一
半枕蒿萊，楓葉蘆花晚照開。天外山回三楚合，樓前潮落九江
來。城經郭默全家少，地憶陶公百戰回。莫向暮鐘談往事，白頭
僧在不勝哀」[147]和江皋的《江州竹枝詞》：「鎖江樓控大江流，
岸腳層層擁石頭。一夜西風潮跡上，商船欲泊使人愁」[148]等都
是借景抒懷的佳作。

　　鎖江樓歷史上幾經興廢。明萬曆三十六年（1608），九江
發生了地震，鎖江樓及兩條鐵牛墜入江中，鎖江樓塔和另兩尊
鐵牛倖存。舊志載：「歲戊申夏六月十七日夜地震，鎖江樓頹
然勢幾傾。」[149]「康熙七年（1668）年六月十七日，山東莒縣
郯城發生的8.5級地震，波及江西九江、波陽等地，其中九江最

---

145 同治《德化縣誌》卷七《地理・古跡》，臺北：臺灣成文出版社，
　　1970，第117頁。

146 雍正《江西通志》卷四十二《古跡》，四庫全書本。

147 雍正《江西通志》卷一百五十五《藝文》，四庫全書本。

148 同治《德化縣誌》卷七《地理・古跡》，臺北：臺灣成文出版社，
　　1970，第117頁。

149 同治《德化縣誌》卷七《地理・古跡》，臺北：臺灣成文出版社，
　　1970，第115頁。

甚，鎖江樓被震歪，長江水沸湧高數尺，長江岸崩塌折入江中。」[150]乾隆十三年（1748），官府重建鎖江樓，並增建看魚軒。舊志載：「郡人傅宏祖建有看魚軒，後廢，樓亦漸欹。乾隆十三年驛監道李根雲重建，關都惠色加構數楹，如遊廊翼樓之右，今與樓皆圮」。[151]另外雍正《江西通志》中也記載道：「傅弘祖，字謙宇，德化人，選貢判廬州補福州，旋致仕歸。喜道地方大計，言不及私。延龍磯鎖江樓，封郭洲，築長堤，皆其所建議」。[152]清咸豐三年（1853），太平軍與清軍在九江激戰，樓塔與兩條鐵牛遭炮火，鎖江樓樓又一次被毀，兩尊鐵牛也不知去向，唯鎖江樓塔仍像巨人一樣孑然屹立於長江邊的回龍磯上。一九三八年六月，日本侵略者的炮艦抵達九江水域後，見鎖江樓塔傲然而立，便向寶塔猛烈炮擊。塔體的斗拱、腰簷、平座均遭不同程度的損傷，鎖江樓塔被日艦炮彈擊中三處，塔身二處被擊穿。彈洞直徑達三點五米，塔身向江邊傾斜七十五點五公分，現仍可看到當年炮擊的彈痕。

鎖江樓塔為樓閣式磚石空筒仿木結構，塔高二十六點二六米，底邊長三米。六面錐狀，共有七層，全部建築為古代青色厚磚砌成，極為堅固。塔門向西，每層簷口，為石刻斗拱，塔內壁

150 江西省地方誌編纂委員會：《江西省志・江西省地震志》，北京：方志出版社，2003。

151 同治《德化縣誌》卷七《地理・古跡》，臺北：臺灣成文出版社，1970，第 115 頁。

152 雍正《江西通志》卷九十二《都會郡縣之屬》，四庫全書本。

畫有小型空龕及遠眺拱門。磚砌牙簷，翼角微翹。翼角第六層東南外，皆鑿有一孔，以懸一銅質風鈴，時而江風吹來，鈴聲叮鈴悅耳。塔頂為磚疊澀攢尖頂似葫蘆，塔剎乃鐵鑄就，由覆缽、露盤三重及水煙相串而成。塔內有木樓梯可沿梯盤旋登臨塔頂拱門，極目環顧：北瞰遠山渺黛，南視古城幽雅，仰觀藍空蔚媚，俯看碧江波粼，正如古人和其衷詩云：「望中吳楚窮千里，樓下波濤聚九江」。整座塔聳入雲天，塔影鎖江，為潯陽十景之一，當年懸掛在此對聯「百荻波光當岸繞，黃梅山色過江來」就是當時這裡秀美風景最好的寫照。一九八七年，該塔被列為省重點文物保護單位。另外，在塔內底層東面牆上，現還保存一塊明代碑刻，為德化縣姓勞的人所撰，此碑因年久，經風雨浸損，今文字甚難辨認。

六、宜春袁州譙樓

袁州譙樓位於宜春市舊城區西部中央鼓樓路的中段，整個建築以鼓樓路為中線南北對稱。南北天文臺相呼應，是世界上保存至今最古老的地方古天文臺遺址。

譙樓有兩種解釋：根據周祈的《名義考》是指城門上的瞭望樓；另一說來自曹昭的《格古要論》，認為鼓樓就是譙樓。袁州譙樓這兩個意思兼有，宜春自古以來就為一座軍事要塞，譙樓作為衙署的一部分，用來瞭望四周形勢。此外，從名字上來看，宜春人們把袁州譙樓稱為宜春鼓樓，袁州譙樓用來觀測天象，報時。

宜春古稱袁州，袁州譙樓的修建也隨著袁州府的變遷而變

化。據《江西通志》記載「府署（指袁州府）在城西北，南唐保大二年（954）刺史劉仁瞻始建」，[153]又據《袁州府志》記載，南唐保大二年，袁州府已有立廳堂、齋閣、譙樓等建築物。由此可見，始建於南唐保大二年的袁州譙樓，它是袁州府署的一部分，是袁州城西大門門樓，也用於觀察天象、報時辰、察火患。南宋嘉定十二年（1219），「知州事滕強恕重建譙樓」[154]，並且添置了不少天文觀測儀器，設陰陽生輪值，候籌報時，從而將其全面建成集測時、授時、守時於一體的地方天文臺。「正德六年（1511），知縣劉天錫重建譙樓」[155]明嘉慶二十三年（1543），知府范欽等人迅速下令重修。萬曆年間（1573-1620），譙樓舊貌添色，增匾曰「迎曦樓」，並且「祀袁天罡於其上」，據《江西通志》記載「明萬曆間同知李瀚於樓修祭，又補鑄天罡，原鑄銅璿璣於觀天臺。」經過明末戰亂，袁州譙樓又遭受了不同程度的損壞，順治年間（1644-1662）「知府吳南岱重修後，改建府治東迎曦樓左提學公署廢址」。[156]清康熙乾隆年間重修樓西，新額曰餘暉。到了清同治七年（1868）對譙樓進行了最後一次重修。譙樓雖歷經千年歲月，但幾經修繕，增補同時也恢復和發展了天文臺的功能。直到乾隆年間，袁州譙樓的授時、測時、守時功能仍遠

---

153 雍正《江西通志》卷十九，《袁州府》，四庫全書本。

154 同上。

155 同上。

156 同上。

近聞名。然而，到了清朝末年，袁州譙樓漸漸被人們遺忘，以致日益衰敗。一九八三年得到修復。

袁州譙樓自南唐保大二年（西元 954 年）始建，歷經千年風雨，見證數朝更替，幾經興廢，且猶能保存至今，歷代袁州當政者卻不斷地耗費財力對其進行修繕增補，可從以下兩個方面來分析：其一，袁州（即宜春）險要的地理位置。宜春自古以來就為贛西名城，號稱為「贛湘孔道」，如此險要的地理位置，使得歷屆王朝都十分重視對城樓的整修。其二，袁州地區常年的自然災害。宜春在自古就為一個多災的地區，常年遭受著水澇災害、旱災、蟲災等災害，這使得歷屆官府都得注重對天象的觀測，來做好防災準備，同時也祈求來年的風調雨順。這使得鼓樓的天文功能一直就沒有消失，反而在後期功能得到不斷的完善和加強。

袁州譙樓是目前所知我國現存最早的、也是世界現存最早的專門從事時間工作的天文臺。袁州譙樓主要是採用「銅壺滴漏」等儀器來守時、報時和授時，其所測時間與現代鐘錶上多反映的「北京時間」相比，每天只差二十秒。袁州譙樓的發現對研究我國古天文學史有著重大的歷史意義和參考價值。我國天文學界、建築學界的著名專家薄樹人曾在《袁州譙樓研究──我國現存最早的從事時間工作的地方天文臺》的鑒定書上，鄭重的寫下這樣的一句話：「環顧當今世界，除了華夏文明系統，尚未發現任何一個國家建的時間工作天文臺早於袁州譙樓，故它的發現對我國

和世界天文學研究將產生深遠的影響。」[157]

第五節 ▶ 古牌坊與古墓表

一、進賢陳氏牌坊

（一）牌坊的歷史演變

　　牌坊，古名綽楔，為「明清兩代特有之裝飾建築，蓋漢之闕，六朝之標，唐宋之烏頭門、欞星門演化形成者也」。[158]牌坊又名牌樓，其原始雛形名為「橫門」，是一種由兩根柱子架一根橫樑構成的最簡單的原始的門。其最早的記載來自《詩經》，在《陳風》《橫門》篇中寫有：「橫門之下，可以棲遲。」後來，「橫門」的建築體制被運用到城市各個居民區的「坊門」上。隨著城市建設的發展，人們越來越注重對坊門的修飾，出現了兩柱一門一樓的「烏頭門」。到了宋朝，人們對「欞星門」情有獨鍾，欞星門大多數用於祭孔場所。「烏頭門」漸漸被「欞星門」所取代。到了宋代後期，「欞星門」只是起到了標識作用，一些欞星門之剩下華表柱和作為額坊的橫樑，因其華表柱遠遠高出額坊，

157 薄樹人：《袁州譙樓研究──我國現存最早的從事時間工作的地方天文臺》，《自然科學史研究》，1995 年第 1 期。

158 劉敦楨：《牌樓算例》，轉引自梁思成的《中國建築史》，天津：天津百花文藝出版社 1988。

呈沖天狀，後來便逐步發展成為沖天牌坊，是牌坊的最主要形
制。隨著以程朱理學為代表的封建意識的普及和深入，明清時
期，牌坊的發展到了鼎盛。牌坊作為標榜功德、宣揚封建禮數的
榮譽象徵，被廣泛地置於宮殿、陵墓、祠堂等景觀型很強的地
點，用於褒揚功德、旌表節烈。牌坊，一種中國特有的門洞式建
築。其蘊含了中國千百年以來的禮制文化傳統，成為「禮制文
化」的標識。

（二）牌坊文化淵源

牌坊，自其產生，在經過數百年乃至數千年的歷史演變過程
中，它體現著中國深遠的民族文化。牌坊按「忠、孝、節、義」
大致上可分為以下幾類：第一類是貞節牌坊，是為表彰生平恪守
婦道、不逾禮節的貞節烈女所立的牌坊。第二類是功德牌坊，是
指為朝廷和社會做出突出貢獻的人而立的牌坊。第三類是科甲及
第坊，如狀元坊，為光宗耀祖之用。第四類為孝行善舉坊，為表
彰孝子、義行而樹立的牌坊。此外，有的牌坊是為作為地方標誌
而立的坊。

牌坊是表彰在「忠孝節義」等方面「功勳顯赫」的人，作為
中國古代封建禮制、封建傳統道德觀念的產物，其的樹立是以號
召人們以此為榜樣，遵守禮制，報效朝廷。牌坊的發展與理學的
興起和傳播息息相關。牌坊凝聚集中的是以儒家倫理為本位的封
建禮教精神。它所蘊含的神秘色彩和禮教功能一直充當著道德教
化和倫理秩序構建的典範作用。然而在另外一方面，牌坊蘊含著
中國人無數的情思。它的豎立使封建社會人們所追求的社會理想

得以實現，如狀元坊、甲第坊等牌坊的豎立，使士人流芳百世、光宗耀祖的願望得以實現，牌坊也見證著歷史，教會人們記住歷史上一些重大的歷史事件。此外，牌坊也成為了中國的一個標識，中國牌坊在國外華人聚居的地方隨處可見，中國城、唐人街遍及全球。牌坊也就成為了中國特有的文化符號。

（三）進賢陳氏牌坊簡介

立牌坊作為流芳百世、光宗耀祖、沐浴皇恩之舉，牌坊在江西被廣泛的建在衙署、陵墓、祠堂、橋樑等景觀性很強的地點。

江西最為出名的牌坊要數位於南昌進賢縣七里鄉羅源陳家村的陳氏牌坊。陳氏牌坊號稱「江南第一坊」，它由畫錦坊和理學名賢坊組成。畫錦坊是明永樂八年（1410），兵科給事中高旭和進賢縣知縣佘曜在民眾的請求下，為時任四川右參政的陳謨而立。陳謨在當地留下極好的口碑，據《進賢縣誌》記載「（陳謨）謹慎愛民」。[159]畫錦坊為國內明代永樂年間石雕建築的孤例。牌坊為三間四柱，左右兩邊分別砌以石磚，高五點一二米，寬八點〇八米。牌坊的正中有大明才子解縉題寫「畫錦」二字。畫錦意為富貴還鄉，其語來自《史記》：秦末，項羽入關，屠咸陽，或勸其居留關中。羽見秦宮已毀，思歸江東，曰「富貴不歸故鄉，

---

159 道光《進賢縣誌》卷十七，《人物・良臣》，臺北：臺灣成文出版社，第 1047 頁。

如衣繡夜行」，[160]後人遂稱富貴還鄉為「衣錦晝行」，省做「錦晝」。晝錦坊右豎刻「兵科給事中高旭進賢縣知縣佘曜為」，左刻「四川右參政陳謨立、永樂八年季春月吉旦」等小楷字，晝錦坊四周還刻有人物、動物、花卉等精美的紋飾，形象逼真。整個石雕畫面佈局嚴謹，雕刻手法多樣，反映了當時社會文化的多樣化。晝錦石坊是不可多得的明代早期石雕牌坊，無論從石坊的畫面還是其現存狀況，可堪稱明代早期石雕精品。

　　在晝錦坊前大概十二米處所立的就是理學名賢坊。理學名賢坊是於明崇禎十年（1637）為陳謨後裔陳良言、陳應元、陳良訓而立。明萬曆年間，陳謨後裔中的陳良言、陳應元、陳良訓三人分別為太學生、萬曆三十八年進士、萬曆四十一年進士，學業有成，並分別任瓜州府同知，刑部郎中、河南兵部副使，浙江按察使、陝西右布政使、鄖陽巡撫等朝廷高官，顯赫一時。崇禎十年（1637），明朝廷官員再次為陳謨後裔眾多讀書有成及社會功德而共同立理學名賢坊表彰紀念。兩次建坊，形成了一個文風鼎盛、人才輩出的村落標誌性的建築。理學名賢牌坊座北朝南，與晝錦坊前後排列於一中軸線上。坊高五點九六米，寬九點五六米，採取三間四柱結構。四根柱子一字型排開，每根柱子前後各置石獅一隻，獅身紋路清晰，且刀法明快，栩栩如生。這八隻石獅子大小一致，都身高二點一六米，寬〇點六米。石獅各具形態，朝南的四隻石獅皆為笑姿，朝北的四隻為哭姿。石獅的造型

160　（西漢）司馬遷：《史記》卷七，《項羽本紀》，四庫全書本。

與陳府家教有關，石獅就如陳氏家人，陳府家教甚嚴，所以石獅表情皆「內哭，外笑」。橫串四柱穿枋形成前後各三塊匾額：從左至右分別刻「明經傳芳」、「理學名賢」、「科甲濟美」；背面中格刻「龍章世錫」，左右兩格為素面。坊從穿枋上始為「米」字形斗拱結構，用長坊簷四角及坊脊兩端，用陶灰瓦和石灰做成龍首，坊脊正中做成烏紗帽形。

畫錦坊和理學名賢坊經百年滄桑，仍保持完好。它的存在不僅反映了當時社會意識形態，而且對於研究當時的建築文化也有重要作用。其自身所深刻蘊含的歷史韻味，所蘊含的特有的中國古代文化的思想情結，將深深地刻在人們頭腦當中。

二、永豐瀧岡阡表碑

永豐，位於江西省中部，吉安地區的東北部，被稱是「與文江、安成、西昌並峙而爭雄」[161]之地。永豐歷史悠久，人傑地靈，是唐宋八大家之首歐陽修的故里。聞名遐邇的瀧岡阡表碑，就位於永豐縣沙溪西陽宮碑亭內，為北宋著名文學家、史學家、政治家和書法家歐陽修所撰文並書寫。

阡表，即墓表、墓碑，是一種記敘死者事蹟並表揚其功德的傳記性文體。關於瀧岡阡表碑的始建年代，有絕對年代可考。舊志中載：「惟我皇考崇公，卜吉於瀧岡之六十年，其子修始克表

---

161 乾隆《吉安府志》卷二，《地理志》，臺北：臺灣成文出版社，1989，第 190 頁。

於其阡。」[162]歐陽修在父親歐陽觀死後，早在宋仁宗皇祐五年（1053）就寫有《先君墓表》初稿，但未刻石。而瀧岡阡表碑碑文真正的撰刻年代為「熙寧三年（1070），歲次庚戌，四月辛丑朔，十有五日乙亥，修表。」[163]在《先君墓表》的基礎上修改而成的一篇碑文，相距近二十年，離其父親下葬已達六十年。由「修不幸，四歲而孤」[164]可知，立阡表碑時歐陽修已達六十四歲高齡。

舊志中有關於瀧岡阡表碑的地理位置：「鳳凰山在縣南百六十里，山形如鳳，故名。山下有瀧岡，歐陽觀及鄭夫人合葬墓，左歐陽故居，右胥楊二夫人墓，前西陽宮傍沙溪司」，[165]而刻石，就立於故里永豐縣沙溪鄉鳳凰山瀧岡的父母合葬墓前，後移入西陽宮中的碑亭內保護。

西陽宮，位於沙溪鎮西南一公里歐陽修故里、磨盤山東麓。唐代貞觀三年（629）前建成。原名西陽觀，是一道觀。因歐陽修父親名叫歐陽觀，與歐陽觀音異而字相同，為避諱，宋至和二年（1055），當朝宰相韓琦請於朝，將「西陽觀」改為「西陽

---

162 乾隆《吉安府志》卷十，《山川志》，臺北：臺灣成文出版社，1989，第 1022 頁。

163 乾隆《吉安府志》卷十，《山川志》，臺北：臺灣成文出版社，1989，第 1027 頁。

164 乾隆《吉安府志》卷十，《山川志》，臺北：臺灣成文出版社，1989，第 1022 頁。

165 乾隆《吉安府志》卷十，《山川志》，臺北：臺灣成文出版社，1989，第 340 頁。

宮」，從此西陽宮就成為歐陽修父母的墳院。後人為紀念歐陽修以及他的父母，又先後在西陽宮內增修了文忠公祠堂、畫荻樓、瀧岡阡表碑亭以及門坊、書院等建築。瀧岡書院、文儒書院相傳是後人為紀念歐陽修曾在此讀過書而建；畫荻樓則是為紀念鄭夫人「畫荻教子」而建；歐陽崇國公鄭夫人合墓為歐公父母合墓。西陽宮門坊在圍牆正中央入口處，座北向南，門坊寬九點一米，高六點二四米，擺高四點五米，門高二點八米，門寬一點五八米，牆厚〇點四米，特製大型正方磚砌面，上部飄簷，兩邊伸擺。門上部橫書「西陽宮」三個大字，剛勁有力，相傳為康熙帝親書，門坊北面刻「柱國塚宰」四個剛勁大字，相傳為文天祥所書。

西陽宮拱門後正中是文忠公祠，是為紀念歐公及其父母崇國公的祠堂，在歐陽修父母合墓柱上，鐫刻著兩幅墓聯，碑文文筆讓人嘆服，內聯云：「阡表不磨崇國範，古墳猶帶荻花香」[166]，外聯云：「瀧岡長拱峙，香水瀠環流」。宮右有瀧岡書院，文儒讀書堂，左有瀧岡阡表碑亭、道德講堂（建國前毀）。早在淳熙年間，已建有瀧岡阡表碑亭，後在乾隆年間又重建，清嘉慶年間再次修繕。解放後，西陽宮僅存文忠公祠、瀧岡書院、文儒讀書堂瀧岡阡表碑亭，有關部門多次撥款維修，保存完好。一九六〇年，江西省文化廳撥款重建瀧岡阡表碑亭。「文化大革命」時期，

---

166 江西省地方誌編纂委員會：《江西省志・江西旅遊志》，北京：方志出版社，2002，第315頁。

碑亭有破壞。一九八四年亭樓修葺一新，三層閣式，具宋代建築的風格。

《瀧岡阡表》碑石為青州（今山東青州）石，呈墨綠色，高二點一二米，寬〇點九六米，厚〇點二四米。碑石歐陽修在皇祐五年（西元1053）八月，護送母親鄭氏靈柩歸葬故里時，從潁州（今安徽阜陽）帶回的青州石，至今有近千年。關於瀧岡阡表碑，史料中亦有出自北方，質地優良的說法：「雖南方石材易於攻刻而不若北方之堅確縝密也，嘗聞瀧岡阡表碑亦出自北方云。」[167]碑石正面刻《瀧岡阡表》，背面刻《歐陽氏世系表》。「瀧岡阡表」四個大字橫刻碑額，每字見方十六釐米，正文豎二十七行，共一一一六字，每字見方二釐米，該碑石上下漆黑，除了《歐陽氏世系表》下部有五十餘字剝蝕不能辨認外，其餘字跡清晰。整個碑石保存完好，唯右上方略有脫落斑痕，碑文均為正楷、陰文、直書，字體端莊穩重，雄健有力，不事修飾，全面地反映了歐公的書法藝術風格，也飽含歐公的剛正情性與仁孝品格，只因歐公的文章名冠天下，其書法藝術為文名所蓋。青碑左右，各樹一塊明、清重修碑亭的序文石碑。

歐陽修立瀧岡阡表碑，旨在紀念他的父母。《瀧岡阡表》洋洋千餘言，寫父母事蹟、追憶父親遺訓、緬懷母親教誨，述說父母品德與情操之高尚，稱讚父親居官至廉、奉親至孝、為政至仁

---

167 （明）楊士奇:《先墓碑石璞錄》,《東里集》續集卷五十，四庫全書本。

的品質；頌揚母親賢慧通達、恭儉仁愛、心胸豁達的美德。同時還表達了自己為官堅守情操、不隨波逐流是受父母遺訓、教誨所致，「幸全大節，不辱其先」[168]。全文平易質樸，情真義切，與唐代韓愈的《祭十二郎文》、清代袁枚的《祭妹文》同成為我國古代「三大祭文」。《瀧岡阡表》及其碑刻也在中國文學史、書法史上有著深遠的影響。

關於瀧岡阡表碑，還留下了許多詩文。元代虞集的《題歐陽文忠公祠》「知公難遇已當年，況復瀧岡十世阡。金石舊文藏劫火，丹青遺廟祀鄉賢。終生未必慚韓愈，作者誰將繼馬遷？嗚鳥不聞驚歲晏，長淮清潁一茫然。」[169]清李金台《謁西陽宮二首》中，稱讚歐陽修的孝道：「六一文章擅一時，孝思尤重瀧岡碑。誰知見闕珠宮裡，也愛人間絕妙詞！幾見豐碑外出台？妄言妄聽總猜疑。不知當日歐陽老，曾倩黃公草檄來。」[170]《西陽宮》中寫到：「赴敵夜提兵，號令秋風傳萬里；摩碑朝讀表，縱橫文筆掃千軍。」[171]來讚揚瀧岡阡表碑碑文所達到的文學成就。歐陽藻，是歐陽修後裔，僑居美國。他在《接閱文忠公故里墳院照片

168 乾隆《吉安府志》卷十，《山川志》，臺北：臺灣成文出版社，1989，第 1026 頁。

169 江西省地方誌編纂委員會：《江西省志‧江西旅遊志》，北京：方志出版社，2002，第 286 頁。

170 江西省地方誌編纂委員會：《江西省志‧江西旅遊志》，北京：方志出版社，2002，第 290 頁。

171 江西省地方誌編纂委員會：《江西省志‧江西旅遊志》，北京：方志出版社，2002，第 315 頁。

十幀》中稱讚了歐陽修母親鄭夫人的美好品質：「尋根探本已經
年，誤認洪喬信杳然；忽接飛鴻來祖國，沙溪墳院影連篇。瀧岡
阡表貌巍然，歐母坤儀立德言；畫荻教書彰懿訓，家風六一子孫
賢。」**172**

　　總之，瀧岡阡表碑之文為歐公千古之文，書為歐公之書，且
是當時遺物，正因為如此，此碑成為中國傳統文化中不可多得的
瑰寶。

第六節 ▶ 古縣衙與文廟

一、浮梁古縣衙

　　浮梁古縣衙是我國現存較為完整的四大古縣衙之一，是江南
地區唯一保存完好的古代縣衙，也是全國現存唯一古代五品縣級
衙署，故有「江南第一衙」的美譽。

　　浮梁古縣衙位於景德鎮市郊八公里處，古縣衙自唐「元和間
（806-820），觀風使裴勘徙今處」。**173**歷經唐、宋、元、明、
清，長達一二〇〇餘年的變遷，屢毀屢建。《饒州府志》載，「宋
淳熙二年，知縣劉三戒重建」，「元至元間，縣尹萬聚修之，貞

---

172 江西永豐縣誌編纂委員會：《永豐縣誌》《文物勝跡》，北京：新華出
　　版社，1993，第 629 頁。

173 同治《饒州府志》卷四《建制志》，臺北：成文出版社有限公司，
　　1970，第 605 頁。

元間升為州，至壬辰兵毀」，「明初，知州李庸修葺，旋寇毀。洪武二年，復為縣知縣王文德重建」，「萬曆二十二年又火，知縣張聯奎改建」。清代「順治三年，毀於土寇」，之後又得到了修建。「乾隆二十七年，大堂毀。縣知縣馬廷珍、知縣黃繩先鼎建」。「嘉慶九年，知縣田懋仁先後修理」。[174]到了清道光年間（1821-1851）進行了最後一次修理。古縣衙在歷朝歷代經過多次修理和維護，終於完好的保存至今。

　　浮梁古縣衙衙署占地六四四九五平方米，建築面積達二六六〇餘平方米。縣衙的建築格局是嚴格地按照封建政權的規則設計建造的。主體建築在東、中、西三條軸線上，由南而北依次排列，整個建築規模宏大、錯落有致，顯得莊嚴厚重。在縣衙的門楣、簷柱和廳堂上都鐫刻有對聯，寓意深刻，耐人品讀。縣衙沿中軸線依次為照壁、頭門、儀門、衙院、大堂、二堂、三堂。

　　照壁是縣衙大門前的屏遮物，用以擋住外人視線使他們不能對衙門內的活動一覽無餘，增強縣衙的一種神秘感，也反映了封建官僚的保守作風。在照壁上繪有一幅由倒蝙蝠、蓮花、如意雲紋組成的紋飾圖。倒蝙蝠、如意為祥物標誌，寓意官員在為官期間，百姓能安居樂業、事事如意，而官員們能夠造福一方百姓。而蓮花則寓意官員要為官清廉，剛正不阿。

　　繞過照壁就是頭門。門正中額高懸「浮梁縣署」匾額，頭門

174 同治《饒州府志》卷四《建制志》，臺北：成文出版社有限公司，1970，第 605-607 頁。

旁邊的簷柱上寫有一副對聯「治浮梁，一柱擎天頭勢重；愛邑
民，十年踏地腳跟牢」，這告誡官員要勤於政事，為民辛勞。大
門東邊是擊鼓鳴冤的地方，置有大鼓一個，有人遇到冤屈或緊急
案件時才擊鼓，若無緣無故擊鼓，就要懲罰擊鼓人。西邊有兩塊
碑刻，告誡來此擊鼓的「誣告加三等」、「越訟杖五十」。頭門也
被稱為「八字衙門」，這是由於頭門前的石子地面呈八字形，主
體牆呈八字形，影壁也呈八字形。

頭門之後為儀門，儀門是縣令舉行儀仗恭候迎接上級官員的
地方，有東門、中門和西門。中門只供知縣和上級官員通過，上
級官員到此門前，文官下轎，武官下馬，至今門前仍留下一塊繫
馬韁繩的下馬石。東門又稱生門，供一般人員通過。西門又稱死
門，專供囚犯出入。這反映了森嚴的等級和禮儀制度。

穿過中門進入衙院，衙院兩側為六房建築，左文右武，吏、
戶、禮居東，由縣丞分管。兵、刑、工居西，由典史分管。院中
間鋪有一條近百米長的青石甬道直通親民堂，院落面積達一二
〇〇多平方米，極為寬敞，旁植有古柏數株，環境清幽，凸顯出
縣衙的莊重肅穆。

親民堂為縣衙大堂，是縣衙的最主要建築，是縣令處理政
事、審案、舉行重大典禮和迎接聖旨的地方。大堂五開間，呈開
敞式。堂內置「明鏡高懸」匾。知縣太師椅官座後面牆上是日出
海浪圖，意味辦案官員將剛正不阿，使人能沉冤得雪。大堂空間
大，前有拱形廊軒。除月梁、斗拱施以雕刻外，其他地方都沒有
什麼裝飾，顯得高大、軒昂、莊重，略顯官衙莊嚴。

後面的二堂是處理一般民事案件、接待外地官員、商議政事

的地方。又稱琴治堂，意為以德以禮治縣。在二堂有副對聯：
「法行無親，令行無故；賞疑惟重，罰疑惟輕」，告誡官員執法
要公正嚴明，不得徇私枉法。

三堂則是知縣辦公及居住的地方，一些重要案件常常在此密
議。三堂寫有一副告誡官員要親民愛民的楹聯：「得一官不榮，
失一官不辱，勿說一官無用，地方全靠一官；吃百姓之飯，穿百
姓之衣，莫道百姓可欺，自己也是百姓」。

三堂之後為內宅，左宅是縣令及其及其眷屬居住的地方，右
側是供文職公差人員居住的地方。縣衙內存有一塊乾隆三十三年
的「奉旨碑」，上有「特調浮梁正堂加五級」的字樣。浮梁是全
國唯一的五品縣衙，高出一般縣級衙門兩級，這是由於浮梁在全
國佔有著重要的經濟地位。浮梁盛產茶葉，瓷器盛名，在唐「天
寶元年，每歲出茶七百萬馱，稅十五餘萬貫」，[175]其所上茶稅就
占了全國的八分之三。而後來，景德鎮瓷器的興盛也給朝廷帶了
巨大的稅收，作為朝廷經濟的重要來源地，浮梁一直享有著五級
縣衙的特殊待遇。

二、安福文廟

孔廟亦稱文廟、夫子廟、至聖廟、文宣王廟，是供奉和祭祀
孔子的地方。在孔子去世後的兩千多年裡，歷代王朝，特別是開
科取仕制度建立之後，對孔子的尊崇逐步升級，至聖至尊，萬世

---

175 《元和郡縣圖志》卷二十九《浮梁縣》，四庫全書本。

師表，達到了登峰造極的地步。因而全國各地，到處修建孔廟，對孔子頂禮膜拜。後來孔廟逐漸成為求學入仕之學子頂禮膜拜的地方，並逐漸演變成民眾的文化活動場所。明清時，專門辟為祭祀孔子和名儒先賢的場所。

安福自古崇文尚教，「雖僻遠而學校生徒頗知務學」。[176]學宮始建於何時，已難以考證。但據有關文獻，唐時已有縣學。安福文廟，又稱孔廟，是古代學宮的一部分，文廟座落在安福縣古城區的西南隅，為江南地區規模最大、保存最完整的孔廟。

關於安福文廟的歷史，《安福縣誌》有詳細的記載。[177]學宮舊在治東南百三十步。宋元豐四年縣令李康成修。宋元祐五年，縣令譚佽移治東去，去縣裡許，是復古書院地。紹興十年，縣令向子賫修，王庭珪記，十三年，縣丞趙師日請改建治西丹霞觀地，即今學所。至元十六年，縣丞張信之修。明代先後有十次重修或增修，規模不斷擴大。其中，明初知州姜明修大成殿。洪武二年，知州侯志健建明倫堂，然後改複縣學。正德十六年，知縣俞虁修大成殿，兩廡，戟門，欞星門，明倫堂，日星、時習二齋，庫房，饌堂，神廚，牲房，儒林門，殿前泮池，石橋，教諭廳在堂後。嘉靖十三年，巡按御史高行縣重修，遷名宦鄉賢祠於廟右，縣丞何一慶捐資，創戟門外石欄。萬曆十一年，知縣閔世

---

176 （清）胡　《重修廟學記》，載同治《安福縣誌》卷五《藝文志》，臺北：臺灣成文出版社，1989，第 1634-1636 頁。

177 同治《安福縣誌》卷五，《學校志‧學制》，臺北：臺灣成文出版社，1989，第 289-292 頁。

翔撤故廟更創治焉，十五年知縣吳應明復學餘址屏垣及石欄。

　　清代，文廟規模空前，建築龐大。康熙五年，知縣焦榮重修之，並創儒學舍，大成殿東西廳，名宦鄉賢祠。十六年，知縣張召南捐築宮牆長一百一十丈，五寸高一丈，又建儒學宅舍於啟聖祠左，記六楹，教諭龔運享捐資佐成。四十二年，署知縣劉廷瑛捐俸倡復，訓導蕭承烈捐修戟門。五十四年，知縣王鈞重修，大成殿，兩廡，戟門，欞星門，崇聖祠，俱更造一新，欞星門外為名宦祠，崇禮祠，鄉賢祠，土地祠，又建文昌祠及學署於宮左。惟明倫堂基址仍舊。乾隆二十八年，知縣尹廷賓，倡修大成殿，開內泮池，又浚外池，遷明倫堂於殿左。三十九年，知縣李慧教諭張高禹訓導王步蟾勸輸竣工，改建欞星門，添造內泮池，增築月臺，建教諭於明倫堂後，訓導署於崇聖祠後，知府盧松記。同治二年，邑人客潭者集議倡輸一萬緡有奇，知縣殷禮勸諭各鄉樂助，一律鼎新，移建尊經閣於崇聖祠後，增建訓導署後楹一所。餘如舊制。所有祭器、樂器、舞圓具詳。

　　安福孔廟是根據明清兩代皇帝欽定的天下孔廟樣式建造的，又結合了南方園林建設的特點。現存主體建築有靈星門遺址、下馬碑、泮池、圓橋、大成門、名宦祠、鄉賢祠、東廡、西廡、露臺、大成殿、石雕陳列館等。主要建築分三進貫穿於一條南北中軸線上。從青雲橋入，穿欞星門，登圓橋，至大成門，始可進孔廟。

三、萍鄉文廟

　　我國始建於唐、五代時期的孔廟較多，但現存的已為數不

多。江西萍鄉文廟就是現存記載較早的始建於唐代的孔廟之一。

　　萍鄉文廟最早的歷史可追溯到唐代的儒學。《萍鄉縣誌》載：「儒學在縣西南二百餘。武德初唐縣令唐萼，始建於縣東南二里許」。[178]朝代變遷，文廟也多有興廢，地址也屢有變更。《萍鄉縣誌》記載：「學校由來重矣。重其國則所由興，抑重其明道講業者之所由盛，故學之新也，治所以隆也，任其治者職有攸分，功有專成。若以其分職之未能一以任之，於己則可成之功，又賴有專成，已昭萍學宮前代七經改造，規制輝煌，延及季明，僅存數椽。」[179]

　　古時萍鄉文廟基本上是由先師廟、啟聖祠、先賢從祀祠、名宦鄉賢祠等幾大建築組成。現存建築是在清雍正十二年（1734）所建的基礎上於一九四一年翻修的，是按我國傳統宮殿結構建成，分前後兩殿和左右長廊。前殿有三重宮殿門，殿門上滿布鼓釘，左右兩邊建有耳室，古樸典雅；後殿為文廟的正殿，正殿門西邊有石獅，各殿的石雕工藝十分精緻，整座文廟的建築和佈局具有強烈的民族特色，對研究我國古代建築及石雕藝術有極高的參考價值。

178　康熙《萍鄉縣誌》卷之二《學校》，臺北：臺灣成文出版社，1989，第 97 頁。

179　（清）孟宗舜《重建萍鄉縣學記》，載康熙《萍鄉縣誌》卷七《藝文一》，臺北：臺灣成文出版社，1989，第 482 頁。

第七節 ▶ 客家圍屋

一、關西新圍

(一) 圍屋的概述與歷史淵源

圍屋，顧名思義即圍起來的房屋，當地人稱為「水圍」（有人認為是「守圍」的音轉，有人認為是因為圍屋內沒有水井的緣故），也有的稱為「土圍子」或「圍子」。它以自己獨特的風格與北京四合院、陝北窯洞、閩西的土圍樓合稱為中國的「四大古民居」。我國著名的人類文化哲學學者趙鑫珊在專著《建築是首哲理詩》中讚歎道：「『土圍子』作為一種獨特的、大規模防禦性居住建築群，它在世界民居建築史上的確是一大奇觀。」並且指出「值得注意的是它同歐洲古城堡都是在中世紀崛起的」，「歐洲古城堡無疑是『土圍子』的姐妹篇，它們都是人類生存意志和智慧的表像⋯⋯圍子民居建築體現了江西南部民居獨特的生存意志和生存智慧，令我讚歎！」

據史考察，現存幾座最早，並有較可靠年考的贛南圍屋，其最早建築時間莫過於清初。「圍」作為民居，最早見於明末清初，在《安遠縣誌·武事》載：「（崇禎）十五年，闖王總賊起，明年入縣境，攻破諸圍、寨，焚殺擄劫之地，慘甚」，「（順治）十年番天營賊萬餘，流劫縣境，攻破各堡、圍、寨」。[180]贛南圍

---

180 萬幼楠：《圍屋民居與圍屋歷史》，《南方文物》，1998 年第 2 期。

屋自明末清初產生，此後大量出現，其中有一定的社會歷史根源：

其一，與客家人的處身環境密切相關。兩晉至唐宋時期，黃河流域的中原漢人先後經歷了五次大遷移，流落南方。由於平坦地區已有人居住，他們只好遷於山區和丘陵地帶。故有：「逢山必有客，無客不住山」之說，當地官員為這些移民登記戶籍時，立為「客籍」，稱為客戶、客家，此為客家人稱謂的由來。[181]客家人自其搬入贛南，就居住在贛南一些偏僻的地區。贛南「地大山深，疆域繡錯」，地形複雜，山林也經常有兇猛的野生動物出沒。此外，贛南處四省交界之地，地形複雜，聚集了大量賊匪，宋元以來一直是官府難以控制的地方，到了明朝更是如此。王守仁在《添設和平縣治疏》中提到：「浰頭岑岡等處叛賊復張其羽翼；荼毒三省，二十餘年以來，乃為十三省逋逃之主，遂稱群賊桀驁之魁。捉河源縣之主簿，虜南安府之經歷，綁龍南縣之縣官，戮信豐之千戶，肆然無忌，歸圖漸廣，兇惡日增。」[182]動盪的社會狀況，使贛南出現了築屋以自保的獨特現象，客家人紛紛建造一些能自我防禦的屋寨，這也為今後圍屋的構建提供了一些條件。另外一方面，家族人口的增長，要求更大規模、更加堅固的房屋建築出現，而適應宗族聚居、社會防禦的圍屋相應而生。

---

181 《客家圍屋》，《科技大觀園》，2007 年第 2 期。

182 王守仁：《王陽明全集》卷 11《別錄三‧添設和平縣治疏》，上海：上海古籍出版社，1992。

其二，大量移民的湧入，加劇了這一地區的社會矛盾。明末清初，東南沿海持續數十年的反清鬥爭，許多人為避戰亂而遷居他鄉。順治十八年（1662），清廷為斷絕堅持抗清的鄭成功的物資，頒佈遷海令，封鎖沿海地區，將沿海地區居民遷入內地，造成「閩西人稠地窄，米穀不敷」，粵東「地窄人稠」的局面，人口、土地再分配形成尖銳的矛盾，人們只好離家出走，另謀生路，而贛南一帶，經過幾十年的戰亂，田地荒蕪，人煙稀少。於是大批閩粵移民遷入贛南，使贛南的居民結構發生了一次大的變化。同治《南康縣誌·序跋》記：「自雍正九年，新戶入籍，招徠墾辟，至今土著之民漸居甚少，外來之民日居甚多」。[183]土著與流民之間的矛盾十分尖銳。土著力量的強大，而流民為了繼續生存下去，流民組織起來反抗土著的統治地位，土著和流民在土地、戶籍、科舉考試名額之間的鬥爭日益激烈。而流民的身份一直徘徊在「賊」與「民」之間，對土著人實現屠殺，土著對流民日益痛恨。土人與流民之間的矛盾難以調解，在這種惡劣的情況下，也促進了集家、祠、堡於一體，即堅固又易守的圍屋的產生。

　　其三，宗族間的械鬥。以宗族組織為核心的鄉族勢力發展，勢必造成「鄉族械鬥」之類事情不斷發生，從而威脅和影響到地

183 贛州地區志編纂委員會：《贛州地區志》卷一，北京：新華出版社，1994，第 366 頁

方社會秩序。[184]鄉村聚落不斷宗族化和軍事化，圍屋的修建不僅僅是為了對付盜匪，還在宗族間的械鬥發揮作用。那時候每個姓都要培養自己的武士和神槍手，為了保衛家族，防止他人襲擊報復，他們需要像圍屋這樣有著完善防衛功能的居所。

（二）圍屋特點

圍屋是客家文化的一種標誌，其構建融入了客家人無數的智慧和心血，充分體現了客家人為爭奪生存空間不屈不撓的鬥爭意識，它是一部生動的客家變遷史，表達出豐富的人文內涵。圍屋是集家、堡、祠於一體。

第一，極強的防禦功能。長寧縣《曾氏族譜》曾言：「維時警於丁亥之變，作室極為堅固，周圍牆如城垣，四面走馬樓，垛子眼，可以瞭望，施銃爆，引收道，一人捍禦，萬夫難收，雖經年可以固守」。[185]圍屋的建造十分注重防禦。圍屋一般都建於田疇之中，而不是建於山腳下，這樣是為防止敵人從山上進攻而考慮的，另一方面，也有利於田地寬廣的視野及時發現敵情和阻擊敵人。贛南圍屋都會修築堅固的外牆，牆至少一米厚，高三四層，四角構築有朝外和往上凸出的多樣的碉堡。為消滅死角，有的在碉堡上再抹角懸挑單體小碉堡。圍屋頂層設置排排槍眼

---

184 黃志繁：《「賊」與「民」之間：12-18 世紀贛南地域社會》，北京：三聯書店，2006，第 237-238 頁。

185 《江西省贛州府志長寧縣壩田曾氏三修族譜》卷首《人物傳》，光緒二十七年本，上海圖書館館藏。

炮孔。圍屋的門都極為厚實，為防敵人直接由大門攻入，一般都設了幾重門，如燕翼圍設了三重門，每重門都厚達一米以上，門框皆用巨石製成。圍屋在構建的時候，為了防止敵人從空中侵襲，圍屋頂層都設了防盜網，網上置有含有劇毒的鐵釘。此外，圍屋的牆基都十分厚實，在牆基四周都埋有防腐材料，以防敵人挖地道從地下潛入圍屋。為防火攻，圍屋建有消防缸和水池，門頂設有水箱和泄水孔，以及時排水滅火。圍屋為防敵人長期圍困，水糧準備十分充分，圍內掘有多口水井，此外，還有用米粉刷的假牆，在久困缺糧時，可剝下來充饑。贛南圍屋堅固封閉的週邊和嚴密的防禦體系，對外敵入侵極為周密的應對之道，是圍屋給人一種固若金湯的感覺

第二，鮮明的宗族聚居方式。明中期以來的贛南社會，一個重要的特點就是宗族組織的逐步出現，並成為贛南社會重要的仲介組織和力量。然「明季群凶亂天紀，鄉寇充斥經多時，先人播蕩遭其厄，舉族遁匿多淒慘」[186]，在強烈的宗族觀念影響下，圍屋的修建一個重要的原因就是為了保護族人實行宗族聚居，因而圍屋的規模都比較大，房間也多，如燕翼圍樓分四層，每層都有三十四個房間，關西新圍主房就有一二四間。在圍屋內，祠堂是圍屋的中心，是圍屋最為重要的地方。

第三，強烈的建築風水觀念。贛南作為贛派風水說的發源

---

186 宋國光：《游牛勝金牛杉二寨示族子惟瑜》，《雩都三宋先生文集·二崖先生文集》，道光十七年本。

地，風水之說，在贛南百姓中有相當的信仰基礎。對圍屋建造者來說，圍屋的建設是百年基業，因此，在為圍屋選址和建造過程中十分注重風水。如關西新圍在選址時，十分注重四周水的流向，關西小河壩溪水從西北流向東南，這是從天門都地戶的理想流向。在新圍的東大門口正面曾開掘了一條長二十四點八米，寬十二點四米的半月池，它的開掘主要是用來營造風水，聚氣納財。[187]

（三）客家圍屋所反映的文化

以燕翼圍為代表的客家圍屋，佈局科學、結構嚴謹、防禦得當，集家、堡、祠多功能於一體，充分體現了客家人為爭奪生存空間不屈不撓的鬥爭意識，也表達出了客家人強烈的家族觀念。它是客家人智慧和力量的結晶，有著豐富的人文內涵。

通過不斷鬥爭、融合建造而成的圍屋成了客家文化的見證。贛南是南遷客家人的搖籃，海外有八〇〇萬客家人，圍屋作為明清時期中國鄉村典型建築，它具有居住、生活、聚會和防禦功能，是客家聚族而聚的城堡型建築。「龍南圍屋，東方古堡」的神韻，不僅在海外客家人群中能勾起思古思鄉之幽情，更能在西方國家人群中產生神奇的吸引力，使世界更好地來體驗中國的客

---

187 張嗣介：《客家圍屋——新圍建築文化研究》，《華中建築》，2003 年第 6 期。

家文化。[188]

（四）關西新圍

關西新圍是全國最大的方形圍屋，位於距離江西龍南縣城十五公里的公平圩，距今已有一八〇多年的歷史，由當時贛南首富徐名鈞於清嘉慶三年（1798）始建，歷經二十九年才完工。據建築專家考證，關西新圍是迄今國內保存最為完整，結構功能最為齊全的一處有代表性的贛南客家圍屋。關西新圍作為客家圍屋的傑出代表，被譽為「東方古羅馬城堡」和「建築教科書」。

歷經二十九年建造而成的關西新圍是與老圍「西昌圍」相對映，因而俗稱「新圍」。關西新圍，是田園式古建築群，主建築由方圍、內花園、小花洲、梅花書院組成，總占地面積有二萬多平方米。主體建築是方形圍，邊牆堅厚，四角有突出瓦面的三層樓炮角，其上槍眼密佈。圍中間是三進五並列的二層樓建築，內雕樑畫棟，寬敞明亮，上廳為祀祖神牌，下廳分成四小廳，廳門的門楣之上有木刻、石雕等浮雕，至今色彩斑斕，大門口有一對石獅，圍邊是居室環抱，共一十六間房。廳前一大院，有照壁，照壁背後是花園，園中有小閣樓，供看戲賞花，正前方是戲臺。方圍左側是梅花書院，一棟二層，有藏書樓、講課堂等。往前便是小花洲，有亭臺樓閣和二小湖，湖中有島，島上有假山、石

---

188 黃細嘉：《江西龍南縣旅遊發展與城市建造戰略初探》，《贛文化研究》，2005 年 12 月（總第十二期）。

塔、桌凳等。據傳小花洲是徐名鈞專為蘇州小妾張氏所建。這樣的建築顯然是集軍事防禦和生活於一體，適合於大家族聚族而居。[189]

俯瞰關西新圍，其整體結構就像個巨大的「回」字。圍屋的核心建築就是位於中間「口」字部位的祠堂，以此為中軸線，東西兩邊互相對稱佈局，錯落有致，體現一種宗族的向心力和凝聚力。圍內佈局嚴謹周到，有九棟十八廳。棟與棟，廳與廳之間四通八達，採光、通風、排汙系統都佈局的極為巧妙。關西新圍極具層次美，而圍屋內細部裝飾也令人讚歎不已，極具韻味和藝術美。在圍內的一些房梁上寫有文字，如：百子千孫、平安富貴、財丁興旺等，字體優美，而且也寄予了對整個家族美好的祝願。此外，圍屋內經常可見龍、鳳、虎、牡丹、蝙蝠、桃子、石榴等雕飾，寓意著族人福壽俱全、事事如意，家族能繁榮昌盛。

二、燕翼圍

燕翼圍位於在贛粵邊境九連山下的龍南縣楊村鎮，燕翼圍是贛南七〇〇餘座客家圍屋中的精華之作，是江西作為最大客家聚居地的重要標誌物，具有重要的歷史文化價值。

燕翼圍的建立與當時動盪社會狀況密切相關。明末清初，粵贛邊境戰火紛飛，農民義軍常襲官府。順治五年（1648）粵寇奔襲龍南，佔據縣城六個月，並殺知縣呂應夏。加之本縣葉南之、

---

[189] 參考龍南縣楊村中學賴觀揚老師的實地考察報告。

葉定榮聚眾騷攏，常襲南埠太平富戶，楊村處於烽煙滾滾、劫無虛日的驚怖境況。家道殷厚的賴福之和弟弟上贈、上球奉祖敬公和父郁華處出避難，原想到黃塘高圍親戚家一躲，豈料對方無義，殺了探問的孝古子，才改奔黃牛石避亂。待事息返回，只見「廬舍已為灰燼，閭井蕭索，雞犬不聞」的淒涼情景。賴福之飲恨思痛，念及「高築牆，廣積糧」的古訓，萌生建造高圍的構想，稟父告准，於順治七年（1650）延請豐城名師工匠購料始築。據說，起基用去大花邊一穀斗（收割水稻工具）。因工程浩繁，耗資巨大，費盡二十七年功夫，歷經三代，其長孫斯淇三歲時，龐然大物的「燕翼圍」才矗立起來。因其高大固守，欲稱「高守圍」，這就是名聞遐邇的客家圍屋。[190]

高守圍始有「燕翼圍」之名，源於清朝道光二十年，當時圍屋主人賴嘉謨邀請贛州府台周玉衡來楊村高守圍作客，並恭請府台大人為圍屋命名。周玉衡為圍屋主人相敬如賓的儀態、熱情待客的真誠所感，聯想到古語，便題下「燕翼圍」之名，用《詩經·大雅·文王有聲》中「詒厥孫謀，以燕翼子」語，取翼護子孫之意。

燕翼圍是座四層樓高，層層環通的磚木結構方形圍，門向東。關於其形制，地方文博工作者有詳細的報告：

高十四點三米，長四十一點五米，寬三十一點八米。對角四邊有守閣炮樓，占地面積一三六七點五八平方米，內院三三四點

190 賴觀楊：《客家名屋燕翼圍》，《贛南師範學院學報》，1998 年第 4 期。

一七平方米。全圍以大門和廳堂為中軸，每層對稱建房 34 間，共 136 間房，建築面積 3741.12 平方米，四面高牆是封閉建築，只留底層一條大門出入。簷高 12.8 米，磚石結構，下下八尺為長方體花岡石（麻條石），即基牆地下深 8 尺（2.67 米），寬 8 尺，地面部分高 8 尺，厚 4.35 尺（1.45 米），其上砌火磚，圍邊牆周長 173.68 米，共砌花岡石 1910.55 立方米，堅不可催。第二、第三兩層牆厚 1.45 米面砌火磚，中間夾砌泥磚，有汲潮保溫作用。第四層以面壁火磚牆（厚 0.6 米）升高 1.9 米為簷牆，餘 0.85 米牆頂為過道面。瓦背為小塊不露簷，頂端銜接火磚，以防火攻。正扇和簷扇內牆厚 0.35 米頂層內側桅扇以木板屏風代之。

門設三道，進深 2.25 米，第一道拱形石框對開鐵門，高 2.47 米，寬 1.26 米，鐵門板厚 0.1 米、石門框寬 0.38 米、厚 0.18 米；第二道活動攔門，兩壁留有寬 0.15 米，厚 0.18 米的壁槽，必要時插上攔門板，形成厚 0.1 米的大門攔板；第三道對開堅厚木門，板厚 7 公分關後上大木橫閂，兩邊有壁洞固閂。第二道門頂有一漏斗水池，可防火攻。門逕有階梯登樓，二、三兩層有 1 米寬的樓廊環通，蓋有廊簷。房間內空長 5 米，寬 2.87 米，炮閣間內空長 7 米、寬 2.87 米。方圍對角四邊，以靠角首間外伸 2 米，築成炮角，每層炮角有 5 個樓負有全面作戰功能，有 58 個槍眼（大 19 小 39），外形似窗。二、三兩層槍眼的內側砌有小門（44.8 尺×1.8 尺）可關可開。槍眼有通風、透光、監視、射擊功能。環通過道以 0.85 米寬牆體頂面為路面，來往十分方便。過道有四個排汙也孔，以石槽伸外。

備戰備荒是燕翼圍的設計特點。內院坪有二口暗井，一是水井，二是埋藏萬餘斤木炭和蕨粉的旱井。平時填上封閉，戰時困危，才掘井自救，有水、火、糧可用。在門口旁挖有一口常用水井，築圍火磚（32公分×19公分×7公分）是就近築窯燒制的，現桂花樹下，仍可掘見老窯遺址。[191]

以上比較詳細的描述可以看出，燕翼圍有很強的軍事防禦功能，三百二十年來，經受住了種種戰火的考驗，仍舊巍然不動，完好如初。一九三八年九月，日軍飛機轟炸楊村，以燕翼圍作中心投放炸彈，炸毀民房十間，教室一間，而主圍僅在頂層炸開了一個2米寬的V形缺口，牆壁只留下斑斑彈痕而已。圍內人員無一傷亡，足見其非常之堅固。

191 引自龍南縣楊村中學賴觀揚老師的實地考察報告。

參考文獻：

（1）李國強、傅伯言：《贛文化通志》，南昌：江西教育出版社，2004。

（2）鉛山縣地方誌編撰委員會：《鉛山縣誌》，海口：南海出版社，1990 年版。

（3）江西省地方誌編撰委員會：《江西省旅遊志》，北京：方志出版社，2002 年版。

（4）江西省地方誌編撰委員會：《江西省建築業志》，北京：中共黨校出版社，1994 年版。

（4）楊雪騁，鄭小江：《鵝湖書院·鵝湖之會·鵝湖之晤》，《文史知識》，1998 年第 1 期。

（5）俞怡生：《鵝湖書院價值談》，《南方文物》，2001 年第 2 期。

（6）王立斌：《鵝湖書院》，《文物世界》，2002 年第 5 期。

（7）王立斌：《鵝湖書院牌坊考》，《南方文物》，2002 年第 2 期。

（8）李才棟：《關於鵝湖之會與鵝湖書院》，《南昌航空工業學院學報（社會科學版）》，2000 年第 2 期。

（9）吳光爐：《鵝湖書院》，《中國統一戰線》，2008 年第 2 期。

（10）江西省吉安縣誌編纂委員會：《吉安縣誌》，北京：新華出版社，1994。

（11）江西省吉安市地方誌編纂委員會：《吉安市志》，珠海：珠海出版社，1997。

（12）雪松：《從此桃李盛江頭——白鷺洲書院》，《江西教育》，2003年第20期。

（13）劉春蓮：《白鷺洲書院大事敘錄》，江西師範大學，2004年。

（14）衷海燕、唐元：《白鷺洲書院的歷史變遷與儒學教育》，《大學教育科學》，2005年第3期。

（15）徐明德、江梓榮、江裕英：《論江萬里在南宋書院發展史上的貢獻》，《浙江大學學報（人文社會科學版）》，2004年第3期。

（16）楊華芳：《江萬里與白鷺洲書院》，《南方文物》，2006年第4期。

（17）閔正國：《江萬里與古代書院的愛國教育》，《江西社會科學》，2001年第5期。

（18）劉曉丹、陳維裕：《白鷺洲書院的歷史沿革及辦學特色》，《蘭台世界》，2007年第14期。

（19）上饒地區地方誌編撰委員會：《上饒地區志》，北京：方志出版社，1997。

（20）上饒縣誌編撰委員會：《上饒縣誌》，北京：中共中央黨校出版社，1993。

（21）江西省南城縣地方誌編撰委員會：《南城縣誌》，北京：新華出版社，1991。

（22）江西省撫州市地方誌編撰委員會：《撫州市志》，

北京：中共中央黨校出版社，1993。

（23）浮梁縣誌編纂委員會：《浮梁縣誌》，北京：方志出版社，1991。

（24）萬幼楠：《圍屋民居與圍屋歷史》，《南方文物》，1998 年第 2 期。

（25）黃志繁：《「賊」與「民」之間：12-18 世紀贛南地域社會》，北京：三聯書店，2006。

（26）黃細嘉：《認識贛鄱——江西導遊知識》，南昌：江西人民出版社，2005。

（27）婺源縣地方誌編撰委員會：《婺源縣誌》，北京：檔案出版社，1993。

（28）婺源縣地方誌編撰委員會：《婺源縣誌》，合肥：黃山書社，2006。

（29）江西省石城縣縣誌編輯委員會：《石城縣誌》，北京：書目文獻出版社，1989。

（30）王麗韞：《從徽州貞節牌坊的盛行看徽商婦的生存狀態》，《銅陵學院學報》，2007 年第 6 期。

（31）熒其幀：《牌坊文化探微》，《東南文化》，1999 年第 3 期。

（32）彭文成：《細品安福文廟》，《審計與理財》，2007 年第 8 期。

（33）江西省贛州地區志編纂委員會：《贛州地區志》，北京：新華出版社，1994。

（34）大余縣誌編纂委員會：《大余縣誌》，海口：中國三環出版社，1990。

（35）江西省贛縣誌編纂委員會：《贛縣誌》，北京：新華出版社，1991。

（36）江西省贛州地區志編纂委員會：《贛州地區志》，北京：新華出版社，1994。

（37）李國強、李放：《江西科學技術史》，北京：海洋出版社，2007。

（38）萬幼楠：《贛南古塔綜述》，《南方文物》，2001年第4期。

（39）江西永豐縣誌編纂委員會：《永豐縣誌》，北京：新華出版社，1993。

（40）江西省情匯要編輯委員會：《江西省情匯要 1949-1983》，南昌：江西人民出版社，1985。

（41）劉德清：《一碑雙表，情文並茂——讀歐陽修瀧岡阡表》，《文史知識》，2002年第3期。

（42）鄭曉江：《醉翁之意不在酒——歐陽文忠公故里行》，《尋根》，2003年第6期。

（43）徐榮暉：《歐陽修與永豐》，《福建電大學報》，2000年第2期。

（44）張曉旭：《宋元碑刻研究》，《南方文物》，2008年第3期。

（45）謝志杰：《袁州譙樓——從事時間工作的古天文台》，《南方文物》，1994年第三期。

後記

　　《贛文化通典‧名勝卷》一書由黃細嘉、黃紅珍、龔志強、顧筱和、吳君曉等共同完成。編著團隊主要是南昌大學旅遊規劃與研究中心的研究人員、旅遊管理系的教師和人文地理學專業的在校研究生，同時吸收江西省旅遊規劃研究院黃紅珍、南昌高等專科學校吳君曉等同志參加。各章的主要撰稿人分別是：第一章——吳君曉、黃細嘉；第二章——黃紅珍、龔志強；第三章——黃紅珍、黃細嘉；第四章——龔志強；第五章——顧筱和；第六章——黃紅珍、黃細嘉等。在工作過程中，黃紅珍做了大量的統稿工作；陳志軍、薛盈盈、王鴿參與了部分章節內容的撰稿。另外，人文學院黃志繁教授和江西省旅遊規劃研究院黃紅珍同志帶領陳維國、黃文保、王亮、谷舟、楊令坤、易紅、陶璐、李東生等研究生和本科生做了大量的資料搜集和部分文稿的初步撰稿工作，南昌大學社會科學處宋三平處長、中文系文師華教授等給予了指導和幫助。尤其是南昌大學中文系余讓堯教授的校改，對於提高書稿品質，其功甚焉，在此表示衷心的感謝。

黃細嘉

二〇〇九年八月三十一日

江西文庫 A0701B19

贛文化通典（名勝卷） 第四冊

主　　編　鄭克強

版權策畫　李　鋒

責任編輯　林以邠

發 行 人　陳滿銘

總 經 理　梁錦興

總 編 輯　陳滿銘

副總編輯　張晏瑞

編 輯 所　萬卷樓圖書股份有限公司

排　　版　菩薩蠻數位文化有限公司

印　　刷　維中科技有限公司

封面設計　菩薩蠻數位文化有限公司

出　　版　昌明文化有限公司

桃園市龜山區中原街 32 號

電話 (02)23216565

發　　行　萬卷樓圖書股份有限公司

臺北市羅斯福路二段 41 號 6 樓之 3

電話 (02)23216565

傳真 (02)23218698

電郵 SERVICE@WANJUAN.COM.TW

大陸經銷　廈門外圖臺灣書店有限公司

電郵 JKB188@188.COM

ISBN 978-986-496-348-5

2018 年 1 月初版

定價：新臺幣 320 元

如何購買本書：

1. 轉帳購書，請透過以下帳戶

合作金庫銀行 古亭分行

戶名：萬卷樓圖書股份有限公司

帳號：0877717092596

2. 網路購書，請透過萬卷樓網站

網址 WWW.WANJUAN.COM.TW

大量購書，請直接聯繫我們，將有專人為您

服務。客服：(02)23216565 分機 610

如有缺頁、破損或裝訂錯誤，請寄回更換

國家圖書館出版品預行編目資料

贛文化通典. 名勝卷 / 鄭克強主編. -- 初版.
-- 桃園市 ： 昌明文化出版 ；臺北市 ： 萬卷
樓發行, 2018.01

　冊 ；　公分

ISBN 978-986-496-348-5 (第四冊 ： 平裝). --

1.名勝古蹟 2.江西省

672.408　　　　　　　　　　107002007